直播电商

欧阳晓波 · 主编

付磊 李嘉尉 胡奇 · 副主编

清华大学出版社
北京

内 容 简 介

直播是在直播平台对产品或服务进行直播展示的一种营销行为，已成为电子商务的一种重要形式。本书分章节介绍了直播电商的整个过程，注重直播电商实践操作环节的训练，具有较强的实用性。全书共10个项目，分别为直播间的开设、直播品牌 IP 化策略、直播准备Ⅰ——做好产品的选择、直播准备Ⅱ——脚本撰写、直播准备Ⅲ——主播素养和口才训练、直播间互动技巧、直播实战、直播数据分析Ⅰ、直播数据分析Ⅱ、直播复盘。

本书结构清晰，图解丰富，既可作为高等职业院校电子商务及相关专业的教材，也可作为直播电商从业人员的培训教材。

本书封面贴有清华大学出版社防伪标签，无标签者不得销售。
版权所有，侵权必究。举报：010-62782989，beiqinquan@tup.tsinghua.edu.cn。

图书在版编目（CIP）数据

直播电商 / 欧阳晓波主编. -- 北京：清华大学出版社，2024.9. -- ISBN 978-7-302-66944-9

Ⅰ. F713.365.2

中国国家版本馆CIP数据核字第2024R1U808号

责任编辑：陈凌云
封面设计：张鑫洋
责任校对：李　梅
责任印制：宋　林

出版发行：清华大学出版社
网　　址：https://www.tup.com.cn, https://www.wqxuetang.com
地　　址：北京清华大学学研大厦 A 座　　邮　编：100084
社 总 机：010-83470000　　邮　购：010-62786544
投稿与读者服务：010-62776969, c-service@tup.tsinghua.edu.cn
质量反馈：010-62772015, zhiliang@tup.tsinghua.edu.cn
课件下载：https://www.tup.com.cn, 010-83470410

印 装 者：三河市东方印刷有限公司
经　　销：全国新华书店
开　　本：185mm×260mm　　印　张：10.5　　字　数：239 千字
版　　次：2024 年 9 月第 1 版　　印　次：2024 年 9 月第 1 次印刷
定　　价：42.00 元

产品编号：102492-01

前言

随着互联网技术的不断进步和传播手段的融合递增，网络直播这一新内容形态迅猛发展。电商直播作为"直播+"模式中的一类，实现了电商销售属性与直播流量属性的结合。党的二十大报告指出："加快发展数字经济，促进数字经济和实体经济深度融合，打造具有国际竞争力的数字产业集群。"在国家积极推动数字产业化和产业数字化的背景下，直播电商成为电子商务的新增长点，直播经济逐渐成为数字新经济的重要发展趋势之一。

直播电商作为一种新的营销业态，由于发展时间短，缺乏系统的理论研究和实践总结，直播电商人才培养普遍缺少标准化的课程体系。本书针对高等职业教育电子商务专业人才培养的要求，根据直播电商从业人员必备的工作技能和岗位需求，设计教学内容。本书按照"围绕实践，删繁就简"的原则编写，以理论为引导，围绕实践展开，将理论教学和实操教学融为一体，在实践中教理论，在运用中学技术。

全书共10个项目：直播间的开设、直播品牌IP化策略、直播准备Ⅰ——做好产品的选择、直播准备Ⅱ——脚本撰写、直播准备Ⅲ——主播素养和口才训练、直播间互动技巧、直播实战、直播数据分析Ⅰ、直播数据分析Ⅱ、直播复盘。每个项目都包括项目导入、教学目标、课前自学、课前自测、课中实训、项目评价、课后拓展、思政园地等版块。

（1）项目导入用简短的内容引导学生进入学习情境，让学生在学习理论知识前先有感性认识。

（2）教学目标包括知识目标、能力目标和素养目标三部分，是学生学习的指引。

（3）课前自学、课前自测是学生在实施项目任务时需要掌握的相关理论知识，包括概念、原理、流程、方法、工具等，同时对学习效果进行测试。

（4）课中实训是学生要在教师帮助下完成的项目任务，让学生初步掌握相关岗位的技能。

（5）项目评价是按照项目评价标准，从技能和素养两个方面，由师生共同评价学生的完成效果。

（6）课后拓展要求学生在没有教师的指导下独立完成，目的是培养学生独立思考问题、分析问题和解决问题的能力。

（7）思政园地包括相关法律知识和电商行业正反两方面的典型案例等，目的是帮助学生树立正确的世界观、人生观、价值观。

在职业教育的发展中，教材有着重要的地位，做好教材的编写工作需要多方面的配合与支持，特别是校企合作编写教材，较好地实现了教材理论与实践并重的目标。本书由宜春职业技术学院和苏州几何体网络科技有限公司共同编写，是校企合作的成果。参加本书编写工作的有宜春职业技术学院教师欧阳晓波、李嘉尉、熊瑛、邹瑞、段雨南和苏州几何体网络科技有限公司的技术人员文玉泽、付磊、胡奇、周丝梦、王何文、赖雍容等，宜春职业技术学院教师文欢、王菁、王锦安、汤艺瑄也为本书的编写作出了贡献，在此表示诚挚的感谢。

由于编者水平有限，书中难免存在疏漏和不足，恳请广大读者批评指正。

编　者
2024 年 2 月

目 录

项目 1 直播间的开设 ·· 1
项目导入 ·· 1
教学目标 ·· 2
课前自学 ·· 2
  一、认识直播电商 ·· 2
  二、直播电商发展历程 ·· 3
  三、直播平台 ·· 4
  四、直播电商团队中的岗位及其任务 ·· 6
  五、与直播电商相关的法律法规 ·· 6
课前自测 ·· 8
课中实训 ·· 8
  一、选择一个合适的直播平台 ·· 8
  二、和同学组建一个直播团队 ·· 10
项目评价 ·· 12
课后拓展 ·· 13
思政园地 ·· 14

项目 2 直播品牌 IP 化策略 ·· 15
项目导入 ·· 15
教学目标 ·· 15
课前自学 ·· 16
  一、直播间的定位 ·· 16
  二、IP 定位策略 ·· 17

  三、IP 打造：主播人格魅力的训练方法 ·· 18
  四、直播账号注册 ··· 23
  五、直播间搭建 ··· 24
 课前自测 ··· 27
 课中实训 ··· 27
  一、设计一个直播 IP 定位 ·· 27
  二、完成一个百货直播间账号搭建 ··· 28
 项目评价 ··· 29
 课后拓展 ··· 31
 思政园地 ··· 31

项目 3　直播准备Ⅰ——做好产品的选择 ··· 33
 项目导入 ··· 33
 教学目标 ··· 33
 课前自学 ··· 34
  一、直播间选品 ··· 34
  二、直播商品定价 ··· 36
  三、直播间排品 ··· 39
 课前自测 ··· 42
 课中实训 ··· 43
  一、完成一个百货直播的选品定价 ··· 43
  二、完成一个百货直播的排品计划表 ·· 46
 项目评价 ··· 48
 课后拓展 ··· 49
 思政园地 ··· 50

项目 4　直播准备Ⅱ——脚本撰写 ·· 51
 项目导入 ··· 51
 教学目标 ··· 52
 课前自学 ··· 52
  一、直播电商脚本的撰写思路 ·· 52
  二、直播电商流程和技巧 ··· 53
  三、消费者心理 ··· 53
 课前自测 ··· 54
 课中实训 ··· 55
  一、撰写直播脚本 ··· 55
  二、完成一个产品的主播口播稿 ··· 57

三、直播违规案例分析 ·· 58
项目评价 ·· 59
课后拓展 ·· 60
思政园地 ·· 61

项目 5　直播准备Ⅲ——主播素养和口才训练 ············· 62

项目导入 ·· 62
教学目标 ·· 62
课前自学 ·· 63
　　一、直播主播必备的心理素质 ·· 63
　　二、直播主播说话的技巧 ·· 64
　　三、直播主播常用语 ·· 65
　　四、主播口才训练的 4 个重点 ·· 66
　　五、主播口才训练的 4 种方法 ·· 67
课前自测 ·· 69
课中实训 ·· 69
　　一、进行主播口才训练展示 ··· 69
　　二、拍摄录制一场 15 分钟的开场单品演示 ······················· 70
项目评价 ·· 71
课后拓展 ·· 72
思政园地 ·· 72

项目 6　直播间互动技巧 ······································· 74

项目导入 ·· 74
教学目标 ·· 75
课前自学 ·· 75
　　一、直播间控场 ·· 75
　　二、直播间贴片 ·· 78
课前自测 ·· 80
课中实训 ·· 81
　　一、撰写百货直播间控场脚本 ·· 81
　　二、撰写百货直播间氛围脚本 ·· 82
　　三、设计百货直播间贴片 ·· 84
项目评价 ·· 86
课后拓展 ·· 87
思政园地 ·· 88

项目 7　直播实战 ··· 89

项目导入 ··· 89
教学目标 ··· 90
课前自学 ··· 90
 一、直播的基本步骤 ··· 91
 二、直播间选品与定价 ··· 93
 三、直播流程规划 ··· 95
 四、直播间搭建 ··· 97
 五、引流短视频 ··· 99
 六、直播实战操作 ··· 100
课前自测 ··· 102
课中实训 ··· 103
 一、选择 5 个产品并确定定价 ··· 103
 二、撰写直播前方案 ··· 104
 三、撰写直播中口播方案 ··· 105
 四、制作直播间视觉方案并执行 ····································· 106
 五、拍摄、制作引流短视频 ··· 107
 六、进行直播间设置 ··· 107
 七、完成一场 45 分钟介绍 5 个产品的完整营销流程直播 ····· 107
项目评价 ··· 108
课后拓展 ··· 109
思政园地 ··· 109

项目 8　直播数据分析 I ··· 111

项目导入 ··· 111
教学目标 ··· 111
课前自学 ··· 112
 一、直播间数据相关概念 ··· 112
 二、直播间数据获取与分析 ··· 115
课前自测 ··· 120
课中实训 ··· 120
 根据案例直播间数据分析报表 ··· 120
项目评价 ··· 123
课后拓展 ··· 124
思政园地 ··· 125

项目 9　直播数据分析 II ·· 130

项目导入 ··· 130

教学目标 ··· 130
课前自学 ··· 131
　　一、粉丝分析的概念及主要内容 ··· 131
　　二、直播流量数据分析 ·· 134
课前自测 ··· 136
课中实训 ··· 137
　　根据直播间数据制作粉丝用户画像 ·· 137
项目评价 ··· 138
课后拓展 ··· 139
思政园地 ··· 140

项目 10　直播复盘 ··· 142

项目导入 ··· 142
教学目标 ··· 143
课前自学 ··· 143
　　一、直播复盘是什么 ·· 143
　　二、为什么要做直播复盘 ·· 143
　　三、直播复盘的步骤 ·· 144
　　四、直播效果数据分析的通用评估指标 ······································· 147
　　五、直播的效果判断标准 ·· 148
　　六、直播复盘及改进建议 ·· 149
课前自测 ··· 152
课中实训 ··· 152
　　一、制作直播间运营复盘报告 ·· 152
　　二、制作主播复盘报告 ·· 154
项目评价 ··· 154
课后拓展 ··· 155
思政园地 ··· 156

参考文献 ··· 157

项目 1

直播间的开设

项目导入

早在 2005 年,网络直播这个领域就已经诞生,但是直到 2014 年,一些正式的直播平台才被人们广为知晓,网络直播也向着娱乐化和内容优质化的方向不断发展。国内主要网络平台开设直播功能的时间如表 1-1 所示。

表 1-1　国内直播平台开设时间

类　　型	平　　台	开设时间
电商平台	蘑菇街	2016 年 3 月
	淘宝	2016 年 3 月
	京东	2016 年 9 月
	唯品会	2020 年 6 月
	拼多多	2019 年 11 月
	网易考拉	2019 年 8 月
社交及视频平台	快手	2016 年 4 月
	抖音	2017 年 11 月
	哔哩哔哩	2018 年 11 月
	微信	2019 年 5 月
直播平台	斗鱼	2016 年 11 月
	虎牙	2014 年 11 月

本项目将重点介绍直播电商的发展历程、直播平台的优缺点与定位，以及与直播电商相关的法律法规。

教学目标

知识目标

（1）能准确描述直播电商的发展历程。
（2）能准确描述直播平台的优缺点与定位。
（3）能准确描述直播团队中的岗位及其任务。
（4）能举例说明与直播电商相关的违法行为。

能力目标

（1）能根据自身特点选择直播平台。
（2）能下载、注册相关的直播 App 并完善资料。
（3）能对案例进行分析，列举出案例中的严重违法行为。
（4）能认清自身优缺点，与同学组建完整的直播团队。

素质目标

（1）具备良好的语言交流和沟通能力。
（2）具备独立思考能力。
（3）具备遵纪守法意识。
（4）具备团队协作精神。

课前自学

一、认识直播电商

（一）直播电商的含义

直播电商是一种营销行为，指在直播平台上展示产品或服务，通过直播推销商品的一种营销方式。

（二）直播电商的特点

1. 强交互性

直播电商具备"当场""同台""互动交流"的特性，消费者在观看直播时可与主播进行实时的交流，询问主播关于产品的问题，更加全面地了解产品，明确自己对产品的需求，提高决策效率。这种强交互性远强过以前的移动电子商务平台和社区电商平台，也更容易获得用户的信赖。

2. 强 IP 特性

IP 是知识产权的通称，具体来说，主播具备较强的 IP 特性，指的是其在用户思维中有与众不同的标识，对用户来说也是一种感情的寄予。

3. 区块链特性

直播电商一方面具备大量的、多元化的主播；另一方面，主播在电商平台、微信公众号之外，也有自己的私域流量，相对于传统电商，直播电商具有更明显的区块链特性。这不仅使主播拥有更多展示自我、与观众互动的机会，也有利于提升品牌的曝光度和知名度。

（三）直播电商的优势

在电子商务领域，直播电商对传统电商的"人—货—场"模式进行了升级，目的是基于企业用户的全生命周期营销管理体系，构建新的直播营销模式体系，并与用户建立深度互动连接。

1. 更好地体现 4C 优势

在移动互联网时代，传统的 4P（产品、价格、渠道、促销）营销理论逐渐升级为 4C（顾客、成本、便利、沟通）营销理论。直播电商可以很好地体现 4C 营销理论的巨大优势，具体表现为：以用户为中心，直播用户体验感更好；用户通过进入直播电商场景可以直接购买性价比更高的商品，从而省去中间商赚取的差价；厂家和其他用户之间的触达更便利，特别是一些具有强 IP 属性的视频主播，可与用户建立起高度的信任感，沟通效果更好。

2. 取得用户的信任

直播电商可以以有趣、有料、有用的营销内容进行产品营销，从而更好地获得广大用户对产品的信任。主播在直播平台上通过各种有趣的形式宣传产品，用户可在直播间获得优惠券，在直播间下单之后享受送货上门。这种购物方式使商家能与用户频繁、高效地直接进行信息互动，直播用户对视频主播及其产品的信任感更强。

3. 促使传统联网企业更好地向移动互联网企业转型

传统互联网企业升级转型的主要途径之一是"网络协同 + 数据智能"，而企业数据融合智能化升级的核心理念则是通过对企业用户数据进行连接，并对用户体验进行全方位的全生命周期画像，以及创造价值链。但要在私域用户之间建立有效连接，就必须构建一个独立的用户流量池，即将用户连接在一起成为真正属于直播企业自身的私域流量。而通过直播，企业电商平台能够更好地吸引私域用户，进而把私域用户流量转化成属于企业自身的用户流量池，这将极大地助力直播企业实现数据化和智能化的企业转型和改造升级。

二、直播电商发展历程

直播电商出身于"草莽"，从诞生之日起就以平民化的个性色彩进入网民的世界。直播从兴起到今日的盛行经过了 3 个发展阶段。

（1）直播 1.0 时代：网民主要通过电脑上网，9158、YY 语音、六间房等推出的秀场直播模式开始兴起。

（2）直播2.0时代：网络游戏的流行催生出游戏直播产业，网络直播市场进一步垂直细化。

（3）直播3.0时代：随着网络技术和智能终端设备的普及，映客、花椒等新兴的移动直播平台不断涌现，移动直播产业开始兴起。各类网络红人、综艺节目、电商导购等直播活动层出不穷，直播进入泛娱乐化的3.0时代。

根据中国互联网络信息中心（CNNIC）统计的数据，截至2016年6月，网络直播用户规模达到3.25亿，占网民总数的45.8%。其中，视频直播市场用户活跃量规模达到2000多万，这标志着全民直播时代的到来。自2018年起，中国直播电商行业成为风口。2019年，李佳琦等KOL的强大流量和变现能力进一步催化直播电商产业迅速发展。2020年的疫情催生了"宅经济"的进一步火热，激发了直播电商行业的活力，其市场规模相较于上年增长121%，达9610亿元。2021年我国直播电商市场交易规模达到23615亿元，2022年达到34879亿元，2023年达到49168亿元。

三、直播平台

（一）电商类直播平台

电商类直播平台的优点：具有较强的营销性质，商家可以通过直播的形式与用户互动，以较低的成本吸引用户关注自己的商品并进行交易，而用户在这些平台上观看直播的主要目的也是购买商品，转化率较高。

电商类直播平台的缺点：电商类直播有些类目是不能进行直播的，但是因为直播的卖家过多，有时会导致内容混乱的情况出现，从而混进一些不良直播内容。

淘宝直播是电商类直播平台的典型案例。

淘宝直播是阿里巴巴推出的直播平台，定位于"消费类直播"，用户可边看边买，涵盖的范畴包括母婴、美妆、个护家居、女装等。淘宝直播自2016年3月试运营以来，观看直播内容的移动用户超过4亿人，月成交额破百万的直播间达1.2万个。2023年，该平台新增内容创作者863万，新开播账号77万。在多个电商直播平台当中，淘宝直播是转化率最高的平台。

（二）短视频平台

短视频平台的优点：用户在这些平台上不仅可以发布自己创作的短视频内容，还能通过直播展示才艺、销售商品。比较典型的短视频直播平台有抖音、快手、美拍、西瓜视频等。

短视频平台的缺点：抖音平台特别注重内容上的运营，算法系统倾向于推荐高质量内容，在互动性上较弱；快手平台内容质量整体偏低；西瓜视频平台用户群体年龄偏大，社区氛围不是很好，缺乏互动。

以下是两个短视频平台的典型案例。

1. 抖音

抖音是由字节跳动公司孵化的一款音乐创意短视频社交软件。抖音是理性与娱乐兼备的一个平台，其带货直播的风格与淘宝接近，产品介绍较详细，主播的人物设定也会被带到直播中。抖音直播带货的主要类型有居家日用、女装和食品饮料等。抖音与淘宝相比，品类不算丰富，在选品上以年轻化和爆款为主。抖音直播产品的价格跨度较大，具体取决于主播带货产品。

2. 快手

快手的前身叫"GIF 快手"，诞生于 2011 年 3 月，最初是一款用来制作、分享 GIF 图片的手机应用。2012 年 11 月，快手从纯粹的应用工具转型为短视频社区，成为用户记录和分享生产、生活的平台。快手直播带货的主要类型有食品饮料、面部护理和居家日用等，主要是依靠信任＋优惠来带货，主播不断用限量优惠来催促用户购买，购物氛围很浓厚。由于快手平台男性用户较多，因此其带货品类以男性产品为主，同时价格也会相对低廉，算是物美价廉的代表，但反过来说，其用户对价格非常敏感。

（三）综合类直播平台

综合类直播平台是包含户外、生活、娱乐、教育等多种直播类目的平台，因为其涵盖的直播内容比较丰富，所以受众群体也比较大。目前，具有代表性的综合类直播平台有斗鱼、虎牙、YY 直播、花椒直播、一直播、映客等。

综合类直播平台的优点：涵盖的直播内容比较丰富，受众群体比较大，在直播行业具有较大的优势。

综合类直播平台的缺点：平台对主播的要求比较高，主播之间的竞争比较大。因为这种类型的平台主播数量较多，粉丝主要集中在平台一线主播的直播间，新人主播或者在才艺方面没有优势的主播很难做出成绩。

虎牙直播是综合直播平台的典型案例。

虎牙直播是一个互动直播平台，为用户提供高清、流畅而丰富的互动式视频直播服务，产品覆盖 PC、Web、移动三端。虎牙直播还是中国领先的游戏直播平台之一，覆盖了超过 3300 款游戏，并已逐步涵盖娱乐、综艺、教育、户外、体育等多元化的弹幕式互动直播内容。

（四）教育类直播平台

教育类直播平台支持知识分享者采取视频或语音直播的形式与用户分享知识，知识分享者可以与用户进行实时互动，针对用户提出的一些问题进行在线解答。

教育类直播平台的优点：可以跨越空间，具有互动性，支持录播回看，具有社交功能，可大范围传播知识等。

教育类直播平台的缺点：整体效果不如线下；平台普遍不够稳定，易出现卡顿等情况；对于线上直播课程的效果没有建立客观评估标准；目前线上直播课程过于单一；线上直播平台教师教育质量参差不齐等。

以下是两个教育类直播平台的案例。

1. 网易云课堂

网易云课堂是网易公司打造的在线实用技能学习平台，该平台于2012年12月底正式上线，主要为学习者提供海量、优质的课程，用户可以根据自身的学习需要，自主安排学习进度。网易云课堂立足于实用性的要求，与多家教育、培训机构建立合作，课程数量已超10000，课时总数超100000小时，涵盖实用软件、IT与互联网、外语学习、生活家居、兴趣爱好、职场技能、金融管理、考试认证、中小学、亲子教育等十余个大门类。

2. 荔枝微课直播

荔枝微课隶属于深圳十方融海科技有限公司，是一家国内大众知识分享平台。该平台专注知识分享，立志成为一所线上的社会大学，提升用户各项技能素养。在荔枝微课，每个人都可以开课分享，也可以听课学习。平台课程内容多样，包含自我成长、情感关系、职场提升、投资理财、育儿教育等各个方面。

四、直播电商团队中的岗位及其任务

直播电商作为新的电商形态，具有实时性、交互性、内容化、社交化、碎片化等特征，直播本身也在自我迭代的升级进化中，直播电商团队面向专业公司，专人专岗，成员之间有着清晰的分工合作流程。表1-2所示为直播电商岗位细分。

表1-2 直播电商岗位细分

职业方向	标 准 岗 位	细 化 岗 位
产品岗	直播电商规划师	商务、选品、编剧、导演、制片等
营销岗	直播电商营销师	经纪人、主播、辅播、媒介对接、渠道
运营岗	直播电商运营师	项目运营、场控、文案、活动、社群运营
设计岗	电商设计师（短视频设计师）	视觉策划、拍摄、视频剪辑等
客服岗	电商客服管理师	售前客服、售中客服、售后客服
物流岗	电商物流管理师	库管、采购、分拣打包、打单发货等
技术岗	现场控制	道具、算法、编程、数据、信息安全等

五、与直播电商相关的法律法规

电商直播的诸多要素带有明显的广告活动的功能和特点，行为主体涉及商家、主播、网络服务平台、消费者，主要受《中华人民共和国电子商务法》《中华人民共和国消费者权益保护法》《中华人民共和国广告法》《中华人民共和国产品质量法》《中华人民共和国反不正当竞争法》等法律法规和有关规定的影响。

"直播带货"在法律上称为网络营销行为，指在电商平台、内容平台、社交平台等网络平台上以直播形式向用户销售商品或提供服务的网络直播营销活动。主播是直播带货中的核心角色，不管是在购物平台直接直播带货，还是在直播平台分享电商链接进行带货，大多数人把这个新兴行业定位为互联网上的销售。然而在法律上，它并不是看上去那么简单，MCN机构及主播都应该了解其法律定位，规范主播行为，否则轻则影响主播账号积分信誉，重则面临大额罚款甚至赔偿消费者损失。

2022年3月15日，《最高人民法院关于审理网络消费纠纷案件适用法律若干问题的规定（一）》（以下简称《规定》）正式实施，其中第十一条至第十七条规定，明确了网络直播营销的民事责任。《规定》中与直播电商相关的条款细则如下。

第十一条：平台内经营者开设网络直播间销售商品，其工作人员在网络直播中因虚假宣传等给消费者造成损害，消费者主张平台内经营者承担赔偿责任的，人民法院应予支持。

第十二条：消费者因在网络直播间点击购买商品合法权益受到损害，直播间运营者不能证明已经以足以使消费者辨别的方式标明其并非销售者并标明实际销售者的，消费者主张直播间运营者承担商品销售者责任的，人民法院应予支持。

直播间运营者能够证明已经尽到前款所列标明义务的，人民法院应当综合交易外观、直播间运营者与经营者的约定、与经营者的合作模式、交易过程以及消费者认知等因素予以认定。

第十三条：网络直播营销平台经营者通过网络直播方式开展自营业务销售商品，消费者主张其承担商品销售者责任的，人民法院应予支持。

第十四条：网络直播间销售商品损害消费者合法权益，网络直播营销平台经营者不能提供直播间运营者的真实姓名、名称、地址和有效联系方式的，消费者依据消费者权益保护法第四十四条规定向网络直播营销平台经营者请求赔偿的，人民法院应予支持。网络直播营销平台经营者承担责任后，向直播间运营者追偿的，人民法院应予支持。

第十五条：网络直播营销平台经营者对依法需取得食品经营许可的网络直播间的食品经营资质未尽到法定审核义务，使消费者的合法权益受到损害，消费者依据食品安全法第一百三十一条等规定主张网络直播营销平台经营者与直播间运营者承担连带责任的，人民法院应予支持。

第十六条：网络直播营销平台经营者知道或者应当知道网络直播间销售的商品不符合保障人身、财产安全的要求，或者有其他侵害消费者合法权益行为，未采取必要措施，消费者依据电子商务法第三十八条等规定主张网络直播营销平台经营者与直播间运营者承担连带责任的，人民法院应予支持。

第十七条：直播间运营者知道或者应当知道经营者提供的商品不符合保障人身、财产安全的要求，或者有其他侵害消费者合法权益行为，仍为其推广，给消费者造成损害，消费者依据民法典第一千一百六十八条等规定主张直播间运营者与提供该商品的经营者承担连带责任的，人民法院应予支持。

小案例

2021年12月，浙江省杭州市税务局稽查局经税收大数据分析发现，网络主播黄薇（网名：薇娅）在2019年至2020年，通过隐匿个人收入、虚构业务转换收入性质、虚假申报等方式偷逃税款6.43亿元，其他少缴税款0.6亿元，依法对黄薇作出税务行政处理处罚决定，追缴税款、加收滞纳金并处罚款共计13.41亿元。

2021年12月20日，薇娅因偷逃税致歉后，其在淘宝、抖音、微博等多个平台的账号被封。12月21日，中央纪委国家监委网站刊文表示，直播不是法外之地。

来源：https://www.ccdi.gov.cn/toutiaon/202112/t20211221_159790.html。

课前自测

一、判断题

1. 2016年3月，蘑菇街直播功能上线。由此，蘑菇街逐渐成为一个"直播+内容+电商"平台。（　　）
2. 为了更快获取流量，偶尔也可以炒作一下流量。（　　）
3. 抖音比快手更早进入短视频平台，所以能成为行业领先者。（　　）
4. 电商平台交易色彩较重，用户购物的目的也比较明确，因而电商平台的直播购物相对于其他直播平台转化高。（　　）

二、简答题

1. 抖音、淘宝的直播分别有什么特点？
2. 你对薇娅逃税事件有什么看法？

三、观看直播

下载抖音、淘宝、虎牙App并注册，分别观看这3个平台的直播15分钟，并用一句话记录直播内容。

课中实训

一、选择一个合适的直播平台

【任务描述】

小李是电子商务专业的大二学生，他发现直播工作是一项现代服务业的活动。随着电子商务的迅速发展，直播越来越被企业和个人重视。自2020年以来，网络直播带货成为广告营销行业新常态。小李想通过自己所学的专业知识进入直播行业，而选择一个合适的直播平台是当前最关键的问题。

本任务将以选择合适的直播平台作为出发点，重点介绍如何选择适合自己的直播平台、下载并注册适合自己的直播 App、直播中的违法行为等内容。

【任务目标】

（1）能够下载、注册相关直播 App 并完善资料。

（2）能够根据自身特点选择一个直播平台。

（3）能够对案例进行分析，并列举直播中的严重违法行为。

【任务需求】

智能手机、实名认证手机号、PC。

【任务实施】

1. 选择合适的直播平台

（1）归纳总结自身特点。

（2）结合自身特点选择适合的直播平台。

（3）给出选择这个平台的理由，填入表 1-3 中。

表 1-3　选择合适自己的直播平台

自身特点	
选择平台	
选择理由	

2. 注册抖音账号

小李根据自身特点，最终选择了短视频平台抖音作为自己的直播平台，注册抖音账号的步骤如下。

（1）下载抖音 App。首先打开手机应用市场，在里面搜索"抖音"即可找到抖音 App。

（2）点击抖音右侧的"安装"即可安装抖音 App。

（3）安装后，点击"打开"，弹出界面中依次点击"同意""允许"。

（4）在抖音界面右下角点击"我"，进入帮助与设置界面，点击"一键登录"，勾选"我已阅读并同意用户协议和隐私政策以及运营商服务协议"后即可进入抖音 App 界面。

（5）选择自己想要的登录方式。

（6）注册成功后进入添加头像和昵称界面，也可以点击右上角的"跳过"不填。

（7）点击界面右下角的"我"，然后点击"编辑资料"即可对资料进行编辑和完善。

（8）点击背景图，可更换背景图片。

3. 分析案例并列举严重违法行为

现在，小李有抖音账号了，但是对于直播中的违法行为还不是很清楚。下面我们一起来分析表 1-4 中的案例，找出这个案例中的违法行为并填入表中，帮助小李了解一下吧！

表1-4　根据案例列举严重违法行为

案　　例
200元的香奈儿 　　"去年想买没买到，今年眼看水涨船高，还在纠结的宝贝，赶紧抓住机会""国民女神都在穿，十点钟就结单，想要的宝宝扣个1……" 　　听着直播间主播的声音，平时比较关注名牌的赵女士按捺不住，准备拿下一款名牌香水。 　　"主播口中的'香奶奶'牌，其实就是大牌香奈儿，但200元的价格，怎么感觉是假货呢？"针对买家提出的疑问，主播谎称这些都是原厂淘汰下来的劣质货。面对买家的追问，主播用事先准备好的、应对顾客提问的话术，穷尽各种理由博取信任。 　　"抑扬顿挫的激情推销、刷单营造的库存危机、提前定制的专属幸运、夺人眼球的劲爆低价，在那样的氛围里，如果不买点东西就感觉亏大了！"赵女士坦言。 　　没过多久，赵女士收到快递，打开包裹后一股刺鼻的味道扑面而来。经过仔细察看，粗劣的做工、廉价的材质让她彻底清醒，当天下午就带着包裹去派出所报警。经鉴定，她收到的名牌香水确实是假货。而后警方根据赵女士提供的线索迅速展开侦查，刘某、敖某等6人先后落网。
列举严重违法行为

二、和同学组建一个直播团队

【任务描述】

小李现在已经选了一个合适的直播平台，接下来需要和同学组建一个直播团队。本任务将以如何组建直播团队这个关键问题作为出发点，重点学习直播间各个岗位的职责。

【任务目标】

认清自身特点，与同学组建直播团队。

【任务需求】

智能手机、实名认证手机号、PC。

【任务实施】

（1）归纳总结自身特点。

（2）结合自身特点选择适合的直播平台岗位。
（3）列举选择这个岗位的理由，填写到表1-5中。
（4）根据人员构成填写职能分工，细化任务，填入表1-6中。

表1-5 选择合适自己的直播平台岗位

自身特点	
选择岗位	
选择理由	

表1-6 团队人员构成和职能分工

人员构成	职能分工
主播（1人）	
运营（1人）	
策划（1人）	
场控（1人）	

直播电商

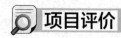
项目评价

学生自评表一

序号	技能点	达标要求	学生自评	
			达标	未达标
1	根据自身特点选择一个直播平台	1. 能准确归纳自身特点； 2. 能根据自身特点准确选择适合自己的直播平台； 3. 能写出选择这个直播平台的理由		
2	下载并注册对应的直播App	1. 能准确搜索对应的直播App； 2. 能下载对应的App； 3. 下载后手机能正常打开App； 4. 能正确填写个人资料注册相应账号，填写资料的完整度达80%以上		
3	根据案例了解直播中严重违法行为	1. 了解直播平台相关的法律法规； 2. 能写出至少8条直播中严重违法行为		
4	认清自身优缺点，与同学组建完整的直播团队	1. 对自己的优缺点有清晰认识； 2. 能进行正常的交流沟通； 3. 能组建一个完整的直播团队		

学生自评表二

序号	素质点	达标要求	学生自评	
			达标	未达标
1	良好的语言交流沟通能力	1. 能与小组成员正常交流、沟通； 2. 能准确表达自己的观点		
2	独立思考能力	遇到问题能够做到独立思考与分析，并能够找到问题的解决办法		
3	遵纪守法意识	1. 能清晰认识直播平台相关法律的规定； 2. 能自觉遵守相关法律法规的规定		
4	团队协作精神	能与小组成员相互协作完成任务		

教师评价表一

序号	技能点	达标要求	教师评价	
			达标	未达标
1	根据自身特点选择一个直播平台	1. 能准确归纳自身特点； 2. 能根据自身特点准确选择适合自己的直播平台； 3. 能写出选择这个直播平台的理由		
2	下载并注册对应的直播App	1. 能准确搜索对应的直播App； 2. 能下载对应的App； 3. 下载后手机能正常打开App； 4. 能正确填写个人资料注册相应账号，填写资料的完整度达80%以上		
3	根据案例了解直播中严重违法行为	1. 了解直播平台相关的法律法规； 2. 能写出至少8条直播中严重违法行为		

项目 1　直播间的开设

续表

序号	技能点	达标要求	教师评价	
			达标	未达标
4	认清自身优缺点，与同学组建完整的直播团队	1. 对自己优缺点有清晰认识； 2. 能进行正常的交流沟通； 3. 能组建一个完整的直播团队		

教师评价表二

序号	素质点	达标要求	教师评价	
			达标	未达标
1	良好的语言交流沟通能力	1. 能与小组成员正常交流、沟通； 2. 能准确表达自己的观点		
2	独立思考能力	遇到问题能够做到独立思考与分析，并能够找到问题的解决办法		
3	遵纪守法意识	1. 能清晰认识直播平台相关法律的规定； 2. 能自觉遵守相关法律法规的规定		
4	团队协作精神	能与小组成员相互协作完成任务		

课后拓展

案例

"小朱配琦"拉开传统媒体直播带货序幕

2020 年 4 月 6 日，被称为国家级段子手的中央电视台新闻频道主持人朱广权与李佳琦搭档组成"小朱配琦"组合，进行了一场"为湖北拼单"的公益直播。直播中，朱广权疯狂输出，高能段子层出不穷。

据央视新闻介绍，这场直播吸引了 1091 万人观看，累计观看人次高达 1.22 亿，直播间点赞数达 1.6 亿，为湖北带货总价值超过 4014 万元，话题"朱广权李佳琦直播"一度登上微博热搜第一。

这场直播带货也拉开了传统媒体做直播带货的序幕。

2020 年 4 月 27 日晚，央视频联合快手举办"搭把手为爱买买买"公益直播，共卖出 8012 万元湖北商品。

2020 年 5 月 1 日，撒贝宁、康辉、尼格买提和朱广权首次合体直播带货，开启国美央视直播专场。

2020 年 5 月 10 日，朱广权和李佳琦再次在淘宝直播间为中国品牌带货，售出商品总价值高达 12 亿元。

目前，传统媒体做直播带货更多偏向公益性质，利用传统媒体的影响力优势，搭档电商主播，达到宣传品牌、销售产品的目的。

来源：http://cn.chinadaily.com.cn/a/202004/21/WS5e9eb7e9a310c00b73c78ab2_1.html。

【案例启示】

在这个传统媒体参与直播平台带货的成功公益活动中,有值得企业需要学习借鉴的地方,传统媒体的受众人群瓶颈化,以及群众对于信息的获取和传播手段因为互联网而发生改变,为企业发展制造了机遇。对于传统媒体而言,利用新时代的短视频平台进行公益带货,背后将有无限的可能性。

【想一想】

为什么传统媒体的公益带货直播,选择了娱乐属性更强的短视频平台?

思政园地

思政案例

李佳琦作为直播带货界的超头部主播,其直播带货的美妆产品销售额一向很高,消费者的黏性也很不错。但是,即使是李佳琦也会"翻车",在选品上有时也会出现质量问题。

2020年,李佳琦直播间带货的一款AHAVA护手霜受到了消费者的质疑。有消费者在社交媒体上发文,认为其是利用直播间清库存,因为收到的护手霜距离生产日期已过一年,赠品甚至是两年前生产的。同时,李佳琦在直播时称其为"以色列国宝级品牌",但实际上该产品是在国内生产,并非真正的进口品牌。李佳琦身为超头部主播,在大众眼中有着"口红一哥"等标签。但像这类事件,不仅会在一定程度上影响到粉丝群体的信任,同样也会影响其自身形象的美誉度。

来源:https://www.sohu.com/a/531317061_146342.

请针对上述案例思考以下问题。

1. 谈谈你对李佳琦2020年这次直播带货"翻车"的看法。
2. 直播电商主播应树立怎样的职业观?

项目 2

直播品牌 IP 化策略

项目导入

当今的移动互联网时代是一个去中心化的时代、碎片化的时代、全民自媒体的时代。虽然不是人人都能成为超级网红,但是借助移动互联网工具,每个人都可以拥有自己的 IP,因为每个人都是鲜活的、独一无二的。抖音目前直播的方式可以分为带货、才艺两大类,这两个大类都可以针对主播或者直播间进行 IP 化的运营。

教学目标

知识目标

(1)能准确描述直播间的定位理由。
(2)能描述直播账号的注册流程与注册要求。
(3)能准确描述直播间常用设备的名称。
(4)能列出直播前准备的工作内容。

能力目标

(1)能根据自身特点进行直播间的 IP 定位并完成一个 IP 人设设计。
(2)能根据直播账号的注册流程与注册要求完成直播账号注册。
(3)能将直播间常用设备摆放到合适的位置。
(4)能根据直播前准备工作内容进行合理分工。

素质目标

（1）具备良好的语言交流沟通能力。
（2）具备独立思考能力。
（3）具备遵纪守法意识。
（4）具备团队协作精神。

课前自学

一、直播间的定位

在打造账号前，一定要先有人群思维，即明确核心消费群体是谁，然后围绕这个人群的需求去定制化生产优质的短视频和直播内容，并通过运营手段，不断去扩大这个核心消费群体在整个人群画像中的占比。

有了人群思维后，要基于此制定清晰的账号定位。在此之前，先要进行账号类型的选择。

（1）品牌型账号：除了商品销售，还承担着展示品牌形象和实现品牌价值沉淀等目标；
（2）商品型账号：以商品的售卖为核心，内容与商品高度匹配；
（3）IP型账号：其核心是树立一个被众多用户所认可的人物设定，基于粉丝积累带来更高的变现能力。

确定账号类型后，还需根据人群偏好和人群基础属性来定位其核心人群。

对于商家而言，找货选品都是有迹可循的，无论是商品品类、属性还是价格，都是相对清晰的，因此，如何针对销售的产品去做产品方向下的人物设定和场景定位，才是直播间定位的关键所在（表2-1和表2-2）。

表2-1 人物设定和场景定位

项目	解释
内容定位（直播间&短视频）	可以理解为账号的内容范畴，主要提供什么服务，提供什么内容信息、卖什么产品等
人物设定	主播的人物设定，包括性格、行事风格、价值观等，可以理解为一种身份标签
内容表现形式	指主要以哪种类型的视频制作思路和技巧为主；直播间的直播风格是什么

表2-2 人物设定和场景定位的具体形式

内容定位	人物设定	视频表现形式	直播表现形式
产品细节	家庭主妇	产品拍摄	主播出稿
福利介绍	邻里小妹	对镜解说	产品展示
产品价值观输出	工厂老板	剧情表演	小窗口视频（画中画）

二、IP 定位策略

（一）IP 的定义

IP（intellectual property）是一个网络流行语，直译为"知识产权"，该词在互联网行业中已经有所引申。互联网上大家所共识的 IP 含义大多可以与"品牌"画上等号，是指粉丝对某个主播或某个产品系列的认知程度。

广义的"IP"是指具有经济价值的无形资产，用抽象化的、特有的、能识别的心智概念来表现其差异性，从而在人们意识当中占据一定位置的综合反映，其建设具有长期性。IP 是可以带来效应的设定，它可以是一个名字、品牌、一个现象、产品或一个人。

IP 根据具体的使用场景也会分为个人 IP、团体 IP、品牌 IP 等。个人 IP 就是将一个人的价值内容化、标签化地进行宣传展现后所形成的能够被特定用户所认可的、特有的、能够影响这类人群的印象，是一种可以在他们意识当中占据一定位置的综合反映。个人 IP 对于拥有者来说是一种能够更容易与周围的人产生链接、建立信任、带来溢价、产生增值的无形资产。例如，我们说起马化腾，马上想到腾讯；说起马云，马上想到阿里巴巴；说起刘强东，马上想到京东。如果个人 IP 塑造得非常成功，不仅能大幅提升个人的知名度，还可以成为企业的金字招牌，节约推广成本。

（二）IP 与人物设定的关系

人物设定是为认知管理而塑造的社会角色，也就是通过我们刻意设计出来的形象和内容，管理别人的想法，让他们相信和支持我们。

人物设定是个人 IP 的一部分，是从属关系，设计规划 IP 的时候必然包含"主播人设"，完整的"主播人设"并不能构成完整的个人 IP。

个人 IP 的打造包含战略系统、角色系统、符号系统、故事系统、产品系统。

主播人物设定的打造也有多个维度细节，包括社会身份、性格特征、形象标签、主播名称、经历、自我介绍、直播间介绍、欢迎语、结束语等。而以上这些细节仅仅属于 IP 系统中的角色系统，以及部分符号系统和部分故事系统。

（三）个人 IP 与带货 IP 的关系

个人 IP 与带货 IP 是包含与被包含的关系，带货 IP 也属于个人 IP 的一个分支，因为绝大部分个人 IP 在逐步完善的过程中都会走向商业化，那么直播带货是较为直接的变现渠道。

1. 个人 IP

直播间的 IP 设定，以及 IP 的延伸，都是做直播短视频必须学习并掌握的，因为 IP 越凸显，能吸引的粉丝就越多。在直播间不论是表演才艺、传递知识、分享趣味，还是销售产品，都可以突出和强化个人 IP 的设计，实现从吸粉到裂变的过程。

在抖音、快手等平台上进行直播经营时，作为初学者，在硬件设备、团队专业性、资金等方面都会有一定程度的落后，很多人甚至不会拍摄剪辑。2020 年，抖音进入饱和状态，进军直播行业的群体范围覆盖得越来越大了。如果想做出成绩，就需要想办法脱颖而出。也就是设计并强化"个人IP"。

建立个人IP的步骤如下。

（1）精准定位：精准定位是所有带货IP打造的开始，一定是要用最突出的、最短的、可以被客户最快感知到的优点来做定位，并且要在多个维度强化这个定位。比如你的身份是妈妈，那你的带货IP定位就是母婴类主播，可以推荐0~3岁婴幼儿成长过程中遇到的各种好物、使用玩法等。

（2）创造内容：有了定位，就有了内容方向，比如围绕"0~3岁婴幼儿成长过程中遇到的各种问题"输出育儿干货、好物推荐。

（3）表现形式：可以是图文形式，平台主要是朋友圈、公众号、知乎、小红书、微博等；可以是短视频＋直播形式，平台主要是抖音、快手、小红书等。

（4）收集反馈：根据粉丝反馈、最近的一些营销趋势热点等，对内容、产品、话题进行调整。

（5）完善细节：根据人物设定的脚本，从语言表达、口头禅、外观装扮及直播场景的细化逐一强化人物设定，从而夯实个人IP的设计，强化粉丝记忆点。

2. 带货IP

带货IP从个人IP中衍生而来，但是与普通个人IP通过服务、广告费等方式进行变现不同，带货IP的创建就是为了使用直播平台达成销售目的，赚取商品佣金或商品利润。

带货IP除了商品佣金，在后期达到一定的流量与影响力后，就可以通过承接品牌的商业推广或销售产品获得收益。

做带货IP的优势：

（1）可快速变现，明确变现的路径。

（2）操作灵活、可单人运营亦可团队运营。

（3）正规长久，可以作为职业也可以作为个人事业的发展方向。

每个人都是产品，要把自己当成这辈子最好的产品去打造。个人品牌就是最好的护城河，一旦打造出来，就很难被复制。在增量经济时代，或许个人IP的价值还没有完全展现，但是在现在这个存量经济的时代，品牌价值会体现出来。

三、IP打造：主播人格魅力的训练方法

（一）体态：决定粉丝对你的第一印象

体态包括站姿、坐姿、走路姿态等各种身体姿势，决定了观众对主播的第一印象，影响着观众对主播的整体评价。

1. 正确的站姿

对电商主播而言，正确的站姿应该是身体适当放松，自然地表现一种积极向上的状态，展示个人的精神气质。具体训练方法如表2-3所示。

表 2-3　电商主播站姿训练方法

站姿训练	具体方法
头部	头部保持端正自然，眼睛平视前方，不能仰视或俯视，仰视会让主播显得不太自信，俯视会让主播显得傲慢、不易接近；另外，主播的声音也会受到头部姿势的影响，头部上抬时，下巴会自然前伸，容易降低声音的圆润度；头部下低时，下巴回缩，上下颌闭紧，会导致主播嗓子受到压迫，声音发闷、吐字不清、不能自然发声
肩部	为了让气息沉稳、声音圆润，主播应该保持肩部放松，将两肩自然摆好，让肩膀能自由活动，不能耸肩或歪肩
胸部	胸部自然舒展，稍稍含胸即可，不能过分挺胸或含胸。主播过分挺胸会显得傲慢，不易接近；过分含胸会让观众感觉主播缺乏自信，消极低沉
腰部和背部	腰部要立直，背部要挺直，展示出年轻的面貌和昂扬的精神状态，不能驼背塌腰显得没有精神
腹部	腹部略微绷紧，不要过分收腹或用力让腹部外凸，以免给观众留下紧张、不自然的不良印象

2. 正确的坐姿

坐姿对头部、肩部、胸部、腰部和背都的要求与站姿相同，但坐姿不像站姿那样以前脚掌为重心，它的重心在臀部。坐姿的具体训练方法如表 2-4 所示。

表 2-4　电商主播坐姿训练方法

坐姿训练	具体方法
手臂	为了展示出自信积极的状态，主播应该将手臂自然地放在桌上，不能只依靠手臂支撑身体，同时为了避免出现耸肩头与头颈后缩的情况，主播要将腰部与背部作为身体的支撑点，保持气息通畅，以便更好地发声
臀部	为了让背部挺直，腰部立直，建议主播坐下时将臀部置于椅子的前1/3处，以保证身体各部分能够更好地发力；将臀部作为重心，能够让主播坐得更稳；如果主播想要表现出热情积极的交流状态，可以将身体稍微前倾，注意脚部不要用力，保持重心平稳

3. 正确的走路姿态

走路姿态对头部、肩部、胸部、腰部和背部的要求与站姿、坐姿相同，它是由站姿发展而来的，能够表现出主播在动作上的美感。作为一种身体语言，走路的姿态对于展示个人气质与精神风貌有着至关重要的作用。因此，不论主播处于什么场景，都必须注重走路姿态的规范性，走路姿态的训练方法如表 2-5 所示。

表 2-5　电商主播走路姿态训练方法

走姿训练	具体方法
双臂	主播在摆臂时要自然地前后摆动，不能到处甩臂或双臂在身前乱摆，以免给观众留下不良印象
双腿	主播走路时要收紧双腿，两脚相隔约5cm，膝盖伸直冲着前进方向。迈步时，要将后脚脚掌作为发力点，将前脚脚跟作为落地点，注意保持腰部挺直、背部立直
腰部	腰部是整个身体的核心，主播行走时要根据腰部来把握身体重心的变化，走路时也要借助腰部的力量使身体前进。这样会让主播行走时更加平稳，上半身不容易摇晃，并且让主播看起来更有活力，能够表现出自信的状态

（二）表情：向粉丝传递有温度的情感

主播在直播时要注意控制自己的面部表情，面部表情是由面部肌肉和骨骼的收缩运动形成的，因此面部肌肉又叫作表情肌。面部表情通过喜悦、冷淡、专注、超然4种方式体现人类的情感。例如，当主播做出喜悦的表情时，嘴角会上扬，眉毛呈平直状态，双眼则会眯成一条缝。主播的表情会在喜悦状态下呈现出丰富的变化，这与脸部肌肉的运动密切相关，这种表情会表现出高兴、欢欣、愉悦等多种情绪。主播在直播时要注意控制自己的表情。表情训练可以采用一些科学的方法，并遵循一定规律。下面我们从眼睛、眉毛、鼻子、嘴巴4个方面来阐述主播面部表情的训练方法，具体如表2-6所示。

表2-6 主播面部表情训练方法

面部表情	训练方法
眼睛	眼睛是交流的窗户，眼神在面部表情中占有很重要的地位，是整个头部的中心。主播在训练眼神时可以借助一面镜子，通过镜子发现自己的不足之处，勤加练习。练习时可以假设自己正面对着镜头，在用眼睛传达某个思想。 1. 练习时注意找到镜头的焦点，目光不要分散到其他地方，可以尝试只露出面部进行练习。 2. 眼睛尽量睁大，表现单纯质朴。 3. 丰富眼睛的情感内容，如通过斜视让自己看起来通晓世故、不容侵犯
眉毛	1. 想要让自己看起来认真，就将眉毛下压。 2. 想要让自己看起来生气，就将眉毛使劲下压。 3. 想要让自己看起来得意，就将单侧眉毛抬高
鼻子	1. 主播如果是鹰钩鼻，可以将面部略微倾斜，能够减弱鹰钩鼻的特征。 2. 主播如果是宽鼻，可以经常捏鼻翼改善鼻形，或将面部侧转1/4，让鼻子显得窄一些
嘴巴	嘴部表情主要通过各种笑容来表现，主播可以利用自己习惯的所有笑容方式进行练习，例如，从抿嘴微笑慢慢变成露齿微笑，最后开怀大笑，或者将顺序颠倒过来。笑容要表达各种真实的情感，要笑得自然，不能矫揉造作让人感到别扭，要学着将自己欢欣、尴尬、讥刺等各种情感完整地表现出来。主播如果要寻找创意丰富的嘴部表情，不妨着眼于日常行为的各种细节，如唱歌、喊叫、嘟嘴、哭泣、吹口哨等，也许会有新的灵感涌现。 微笑的练习方法如下。 1. 笑容练习操 A. 用手指按住嘴角两侧缓缓上推，动作持续10秒 B. 嘴角慢慢上扬做露齿笑，动作持续10秒 C. 嘴角放松让嘴巴尽量张大，深呼吸随后大笑，动作持续10秒 D. 在手指的辅助下让面部肌肉运动起来，在笑和放松之间来回切换 E. 结束上述动作后让面部肌肉松弛下来 2. 笑容保持操 A. 先放松嘴角做大笑表情，在手指辅助下固定面部肌肉，动作持续10秒 B. 略微收敛作开朗笑容，嘴角保持不动，动作持续10秒 C. 笑容继续收敛化作微笑，动作持续10秒 D. 微扬嘴角或者抿嘴微笑，动作持续10秒 E. 最后做嘟嘴动作，在手指辅助下固定嘴角，动作持续10秒

（三）声音：一开口就赢得粉丝的喜爱

许多新人电商主播没有意识到一个问题，主播听到的自己的声音与观众听到的主播的声音是不同的,建议主播录下自己的声音感受一下,或许会对自己的声音感到震惊。

对自己的声音不够了解,或是对自己的声音缺乏自信,都会导致主播无法更好地掌控直播现场,因此主播要通过录音熟悉自己的音色,进而找到改进方法。主播要想让自己的声音变得更有魅力、更有力量,必须进行大量的练习,声音的具体训练方法如表 2-7 所示。

表 2-7 电商主播声音训练方法

声音训练	具 体 方 法
口腔训练	声音是依靠声带振动发出的,口腔是声音传出的地方,因此声音训练要注重口腔的灵活度练习。 1. 开合练习:这主要是针对口腔的练习,通过张开和闭合嘴巴来进行训练,让口腔能够张得更大,让口腔上部努力向上,口腔下部固定不动,随后模拟啃咬的动作来闭合嘴巴,重复多次。 2. 双唇练习:这主要是针对双唇灵活度的练习,通过双唇前后左右、闭合及旋转运动,让双唇更加灵活。 3. 舌头练习:这主要是针对舌头灵活度的练习,首先将嘴巴闭紧,将舌尖探到唇齿中间,随后进行转圈运动,转圈的方向可以先顺时针后逆时针,也可以先逆时针后顺时针,交替训练,反复练习
气息训练	气息训练可以改进主播的声音,气息的深厚程度决定着主播的声音能否始终保持平稳。 1. 吸气和吐气训练:①深呼吸,气沉丹田,丹田即肚脐略下位置;②屏气凝神,努力坚持长时间;③缓缓吐气,尽量将气吐净,如此反复练习。 2. 玩数枣的游戏:这种训练方法能够锻炼主播的肺活量,游戏很简单,深呼吸之后说道:"出东门,过大桥,大桥底下一树枣。青的多,红的少。一个枣、二个枣、三个枣⋯⋯"一直数下去,坚持的时间越长越好,反复练习
音量训练	主播要进行音量训练,提高自己的声音响度,同时要注意配备较好的音响设备。主播提高自己的音量非常简单,首先深呼吸,等到无法吸入更多空气时坚持 1 秒,随后大喊一声"哈"。这样就算主播没有尽全力吼叫,也能感受到自己的音量提高了很多。 此外还有很多方法,比如主播可以找一个比较嘈杂的环境,朗读一段文字并努力让自己听清,让自己的声音尽量盖过其他声音;或者寻找一个相对开阔的地带,选定远处的一个目标物作为话语对象,为了让远距离的对象能够听到你的声音,你说话的音量就会不知不觉地加大
语速训练	语速练习包括 3 个方面:变快训练、变慢训练及停顿训练。 1. 变快训练:主播可以先阅读一篇文章,记录下阅读时长,然后用更快的速度再阅读一遍,不断缩短阅读用时。也可以为自己限定一个时间,1 分钟或 3 分钟,努力让自己读完一篇相对较长的稿子。在提高语速的同时,也不能忽略吐字的清晰,否则很难让观众明确接收自己传播的信息。 2. 变慢训练:有些主播的说话速度很快,导致观众无法跟上直播节奏,在这种情况下,主播必须想办法让语速变慢。想要降低语速,主播必须先让自己的心态平稳下来,因为越心急说话速度就越快。然后主播可以拿出自己已熟读的某篇直播稿,努力控制语速,用比之前慢 40%～80% 的速度重新读一遍,多次练习。 3. 停顿训练:这种训练的目的主要是锻炼主播的心态,提高主播的随机应变能力如果主播在直播过程中出现停顿,会使自己的直播节奏被打断,从而造成紧张心态,因此主播要做的不是避免停顿,而是不惧怕停顿。练习停顿的方法并不难,主播可以挑选一篇直播稿,一句一顿地读稿,打破以往的连贯读稿模式,感受停顿造成的心态变化,克服停顿造成的紧张心理,正确对待停顿

（四）手势：有效调动粉丝的情绪状态

肢体语言是主播感染观众情绪的主要方式，在主播需要掌握的肢体语言中，手势和表情、眼神一样，占据着极为重要的地位。手势包含的意思非常丰富，在日常生活中广泛应用，在某些领域更是不可或缺。例如，交警依靠手势引导车辆通行，聋哑人依靠手势进行信息交流，足球场上的球员依靠特定手势传递配合信息等。而在直播领域，手势也是能提高直播感染力、吸引力的重要工具。因此，主播应该掌握一些必要的手势知识，根据直播内容做出恰当的手势。

下面介绍几种主播在直播过程中常用的手势及运用技巧（表2-8）。

表2-8 电商主播手势及运用技巧

手势类型	运用技巧
数字手势	当主播在谈到有关数字的东西时可以使用数字手势。例如，某件事情有4个点可以分享，主播就可以做一个"4"的手势
模拟手势	当主播在模拟各种动作时可以运用模拟手势。例如，主播在唱黄梅戏"比翼双飞待来年"时，便可以用双手模拟飞翔的动作。模拟手势讲究神似而非形似，追求的是一种正确的感觉
抒情手势	当主播在表达情感时可以运用抒情手势。例如，在直播过程中，主播高兴时可以拍手称快，生气时可以双手挥拳，着急时可以两只手来回搓等
特殊手势	特殊手势是一种属于主播的独一无二的手势，大多是精心设计而成，让别人一看到这个手势就会想到自己

（五）发型：营造自己最佳的视觉魅力

发型是否合适决定着主播能否给观众留下一个好的视觉印象，因此，主播必须高度重视自己的发型，清楚头发的长或短、直或卷，以及不同发色会给观众带来的不同感觉。

1. 主播要避免的发型"雷区"

无论哪种脸型，只要搭配的发型不合适，脸型的缺点就会很大限度地暴露出来。因此，为了更好地掩盖脸型的缺点，主播要注意避免一些发型"雷区"，具体如表2-9所示。

表2-9 主播需要避免的发型"雷区"

序号	发型"雷区"
1	主播如果脸型较长，必须避免中分刘海，发尾尤其不能剪成蓬松的碎发造型，否则会让脸看上去更长
2	主播如果是倒三角脸型，注意不能剪宽刘海，否则会让脸的上部显得更宽，下部显得更尖
3	主播的脸如果是短下巴型，要避免空气刘海和中分刘海，否则会让观众感觉脸部很短，而且发量不多，额头也不够饱满，视觉效果不佳
4	主播如果是方脸型，要避免过于整齐的发型，刘海不能太平，否则会造成脸很方的视觉感
5	如果主播的额头较大，要注意用刘海遮一下前额，不要让额头全露出来，以免影响整体美感
6	主播如果是圆脸型，最好不要剪短发，刘海也不能太齐或太长，否则脸看起来会更圆

2. 常见脸型适合的发型

（1）长脸型。脸型偏长的主播可以搭配各式各样的刘海，如空气刘海、法式刘海、微风刘海、齐刘海等，这样不仅能让脸型看起来不那么长，还能在整体上提高自己的颜值。另外，如果主播想要让脸看起来更小一些，蓬松式发型也是不错的选择。

（2）倒三角脸型。倒三角脸型又叫心型脸，这种脸型上宽下窄，发型选择上需要注意遮住前额，凸显下巴宽度。心型脸的女主播可以选择俏皮短卷发，长度最好略超下巴2cm，同时为了让下巴看起来不那么窄，发尾要向内弯曲。

（3）方脸型。脸型偏方的主播需要借助发型来减弱自己的脸部特征，适当遮住脸部两颊。同时，偏方的脸型棱角分明，选择的发型要具有一定的柔和度，来中和脸部的棱角。在这里建议方脸型主播搭配一些长发发型，如长卷发、长斜刘海、斜边扎发等。

（4）瓜子脸型。瓜子脸型的主播可以轻松驾驭多种发型。需要注意的是，瓜子脸型下巴比较瘦，为了避免看起来瘦削，主播需要在直播前让头发蓬松一些，不要遮住下巴。

（5）圆脸型。脸型偏圆的女主播最好选择一些能够让脸型看起来更显长的蓬松卷发，如大波浪卷发、公主烫、芭比烫等。注意不要选择中分直发，否则会让脸显得更圆。

四、直播账号注册

（一）抖音直播

1. 开通条件

目前抖音平台放开了门槛，只要注册了抖音账号，就可以申请开通抖音直播。

抖音直播的形式有：视频直播、语音直播、录屏直播，主播可以根据自己的实际需要选择合适的直播形式。

2. 抖音直播开通步骤（图2-1）

（1）打开抖音（App），在展开的页面下方，单击"+"。

（2）在展开的页面右下方单击"开直播"。

（3）在展开的页面中间单击"开始视频直播"。

图2-1 抖音直播开通步骤

（二）抖音商品分享

抖音的商品分享功能包含橱窗商品分享、视频商品分享和直播商品分享。

1. 商品分享申请要求

（1）基础要求

- 完成实名认证。

（2）进阶要求

- 个人主页视频数（公开且审核通过）大于 10 条；
- 账号粉丝量（绑定第三方粉丝量不计数）大于 1000；
- 商品橱窗功能是抖音商品分享的基础，只有开通商品橱窗后才可申请视频购物车和抖音小店。

2. 商品分享申请步骤

打开抖音 App，选择"我"—右上角"三道杠"—"抖音创作者中心"—"电商带货"，点击页面上的"立即加入抖音电商"即可。注意，正式开通权限前，需输入姓名和身份证号码完成实名认证（图 2-2）。

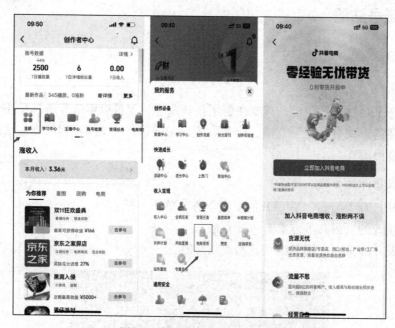

图 2-2 抖音商品分享申请步骤

五、直播间搭建

（一）直播间场景搭建的四大要素

1. 背景

直播间的背景最好是纯色，但不建议是一堵大白墙，因为直播间的灯光会比较亮，如果背景是纯白色就容易反光，灯光直射在墙面会反射在观众眼睛里，长时间看直播的人容易视觉疲劳。

直播背景墙的颜色建议是深灰色或浅棕色，这样的颜色会比较突出主播，可以在网上买墙纸来贴，成本不高。注意尽量不要在背景墙上搞太多花里胡哨的东西，那样会给人不好的感觉，也容易分散用户的注意力。当然，也要根据不同的售卖产品布置不同的背景，以及服装、鞋包、零食等场景。

2. 灯光

合适的灯光能够提升主播的整体形象和商品的展示效果，为直播锦上添花。直播间常用的灯光的效果分为暖光效果和冷光效果两种，其适用的商品有所不同。直播间的光线布置应该根据直播风格和商品的类型来确定，直播团队应利用光学知识打造直播美学，营造美感。一般情况下，直播间的光照布置有以下4个技巧。

（1）布光以软光为主。

（2）选择冷光源的 LED 灯为主灯。

（3）前置的补光灯和辅灯应选择可调节光源的灯。

（4）选择合适的布光效果。

3. 道具

常用的道具：KT 板、窗帘、摆放产品的货架，要注意直播间需要多台手机，让主播可以看互动评论，或抽奖使用。

制造氛围的道具：小黑板、秒表、计算器、鼓，还需要 ipad 或者计算机屏幕，屏幕要足够大，可用于在直播时打开产品或者淘宝网站看到实际售卖的价格是多少,让粉丝有对比心态。

主题道具：服装的衣架、鞋包的专用田字形货架、衣服展示的圆形站台、生鲜零食的电煮锅，要让观众一眼就能看出你销售的产品。

4. 产品排列

关于产品的排列以及摆放，每个类目的产品都是不一样的，建议先参考同类的主播的摆放方式。

比如，护肤品要将大牌放在显眼位置，让粉丝疯抢；零食的摆放要看起来产品丰富，分量十足；工厂电商则要直接展示库存，表明真的是工厂，价格实惠有保证；实体门店电商在直播时，有品牌的产品应多展示品牌 Logo。

（二）直播设备清单

刚开始直播时不需要准备太复杂的设备，只需要购置简单的设备即可。直播有两种方式，一种是手机直播，另一种是计算机直播。

1. 手机直播设备

（1）手机：建议选择 iPhone 13 以上版本的苹果手机，或华为 Mate 系列和 Pura 系列。

（2）双头领麦：主副播各需要一个麦克风，不然会出现主播距离手机过远，导致声音太小，观众听不清晰的问题。

（3）美颜灯：美颜灯通常是和手机支架连在一起的，也有放在桌面支架或者地面长支架上面的，可以根据自己的直播类型去选择。

（4）独立声卡：独立声卡是用于收音和增强声音的设备，可以解决大多数手机在直播过程中无法同时开启直播软件和音乐播放软件的问题。

2. 计算机直播设备

（1）计算机：直播时使用目前主流配置的笔记本电脑或台式计算机皆可，用于计算机端直播、直播后台管理、脚本设计，以及修图、视频剪辑等。

（2）摄像头：在计算机端直播时，由于需要满足主播对摄像头的角度、美颜、清晰度、拍摄角度等方面的需求，因此最好使用外接摄像头而不是计算机自带的摄像头。可根据自己的需要选择相应的摄像头。

（3）补光灯：补光灯的类型主要包括柔光灯与环形灯，用于为直播提供辅助光线，得到较好的光影效果。

（4）话筒：话筒可以用于直播收音，使声音更有层次，音效更饱满、圆润。目前主流的直播用话筒有台式话筒和无线领夹式话筒两种。

（5）耳机：耳机可以让主播在直播时听到自己的声音，从而更好地控制自己的音调、分辨伴奏等，一般可以选择入耳式蓝牙无线耳机。

（三）室内直播间场景

室内直播环境最好是独立、安静的空间，有足够的面积，可以是演播厅、办公室、家里或者店铺的隔间等。所有的行业都可以适配演播厅，目前在演播厅直播的以教育类、科普类为主。

背景墙选择：直播间最好选择浅色、纯色的背景墙，以简洁、大方、明亮为基调进行打造，不要太过花哨。也可以选择绿幕作为背景。这样背景就可以任意调节了。

抖音直播间多以灰色系为主，因为灰色比较简约，是中立色，可以和任何色彩搭配。此外，灰色的背景不会过度曝光，视觉舒适，有利于突出服装、妆容或者产品的颜色。

（四）百货类商品直播间的搭建

1. 服饰类直播间

服饰类直播间可以摆放衣架或者衣柜，衣服要摆放整齐，直播间的空间要大，这样方便展示衣服，让观众能够看得清楚。

2. 美妆类直播间

美妆类的直播间可以摆放陈列货架。如很多直播间背景会放置口红的陈列货架，虽然直播间的口红分类众多，但是在陈列货架上摆放得非常整齐。

课前自测

一、判断题

1. 抖音目前直播的方式可以分为带货、才艺两大类。（ ）
2. 个人 IP 指个人通过智力创造所产生的专利权、商标、著作权、版权等。（ ）
3. 带货 IP 除了商品佣金，在后期达到一定的流量与影响力后，就可以承接品牌的商业推广或者销售产品获取利润。（ ）
4. 直播间的背景最好是纯色，可以是一堵大白墙。（ ）
5. 关于产品的排列及摆放，因为每个类目都不一样，所以可以根据自己对产品的了解进行摆放。（ ）

二、简答题

1. 列举你在抖音平台上看到的两种不同的人物设定并简单分析其特征。
2. 你觉得直播间场景搭建与主播的人物设定有什么关联？

三、论述题

观看抖音直播，找出 3 种不同类型的人物设定，并说出 3 个不同类型账号的基本情况。

课中实训

一、设计一个直播 IP 定位

【任务描述】

小李想通过自己所学的专业知识来提升直播间的影响力，吸引更多的粉丝，而主播 IP 价值的打造是学习直播间定位的关键问题。本任务将以这个关键问题作为出发点，重点学习直播 IP 定位、直播账号注册、直播间设备的购置等，这也是小李在学习直播间定位的过程中要解决的问题。

【任务目标】

（1）能根据自身特点设计一个直播 IP 定位。
（2）能根据直播账号的注册流程与注册要求完成直播账号注册。
（3）能将直播间常用设备摆放到合适的位置。
（4）能根据直播前准备工作的内容进行合理分工。

【任务需求】

智能手机、实名认证手机号、PC。

【任务实施】

（1）归纳总结自身特点。
（2）结合自身特点进行直播 IP 定位并撰写人物设定背景。

（3）根据人物设定脚本细化强化直播间与主播表现细节，填写到表 2-10 中。

表 2-10　根据自身特点进行直播 IP 定位

自身特点		
IP 定位		
人物设定		
主播细节	开场语/结束语	
	口头禅	
	小动作	
	粉丝的称呼	
	自己的称呼	
	妆容设计	
	服饰搭配	
	其他细节	
直播间/账号细节	直播间背景设定	
	直播台面布置	
	灯光布置设计	
	账号头像	
	账号介绍	
	账号背景图片	
	其他细节	

二、完成一个百货直播间账号搭建

【任务描述】

小李想通过自己所学的专业知识来搭建一个百货直播间，而首先完成直播间账号的搭建是关键问题。本任务将以这个关键问题作为出发点，重点学习百货直播间账号搭建的流程，这也是小李在学习过程中要重点掌握的。

【任务目标】

（1）能根据百货直播间的特点进行直播 IP 定位。

（2）能根据直播账号的注册流程与注册要求完成百货直播间账号注册。

（3）学生能够将与人物设定匹配的直播间常用设备与产品摆放到合适的位置。

【任务需求】

智能手机、实名认证手机号、PC、标准直播间、灯光、直播台、直播背景布等。

【任务实施】

结合"一"中的 IP 人设完成一个直播账号的搭建。

在直播前需要搭建直播间，小李选择在室内进行直播，下面我们一起来帮助小李搭建符合个人 IP 及对应产品的直播间吧，将直播间所需的内容填到表 2-11 中。

表 2-11　搭建室内百货类直播间

背景	
灯光	
道具	
陈列	
主播形象	
产品	

项目评价

学生自评表一

序号	技能点	达标要求	学生自评	
			达标	未达标
1	根据自身特点进行直播 IP 定位	1. 能准确归纳自身特点； 2. 能根据自身特点准确进行直播 IP 定位并撰写人物设定背景； 3. 能写出强化直播 IP 定位的细节		
2	直播账号注册	1. 能准确找到直播账号注册入口； 2. 能完成直播账号注册流程； 3. 注册完成后能正常使用直播功能； 4. 能正确填写个人资料注册相应账号，填写资料的完整度达 80% 以上； 5. 开通商品分享		
3	完成直播间搭建	1. 了解直播间场景搭建的 4 大要素； 2. 能摆出直播间道具摆放的位置		
4	直播团队分工	1. 对自己擅长的岗位有清晰的认知； 2. 能进行正常的交流沟通； 3. 能进行合理地团队分工		

学生自评表二

序号	素质点	达标要求	学生自评	
			达标	未达标
1	良好的语言交流沟通能力	1.能与小组成员正常交流、沟通； 2.能准确表达自己的观点		
2	独立思考能力	遇到问题能够独立思考与分析，并能够找到问题的解决办法		
3	遵纪守法意识	1.能清晰认识直播平台相关法律规定； 2.能自觉遵守相关法律法规的规定		
4	团队协作精神	能与小组成员相互协作完成任务		

教师评价表一

序号	技能点	达标要求	教师评价	
			达标	未达标
1	根据自身特点进行直播IP定位	1.能准确归纳自身特点； 2.能根据自身特点准确进行直播IP定位并撰写人物设定背景； 3.能写出强化直播IP定位的细节		
2	直播账号注册	1.能准确找到直播账号注册入口； 2.能完成直播账号注册流程； 3.注册完成后能正常使用直播功能； 4.能正确填写直播资料注册相应账号，填写资料的完整度达80%以上； 5.开通商品分享		
3	完成直播间搭建	1.了解直播间场景搭建的4大要素； 2.能摆出直播间道具摆放的位置		
4	直播团队分工	1.对自己擅长的岗位有清晰的认知； 2.能进行正常的交流沟通； 3.能进行合理地团队分工		

教师评价表二

序号	素质点	达标要求	教师评价	
			达标	未达标
1	良好的语言交流沟通能力	1.能与小组成员正常交流、沟通； 2.能准确表达自己的观点		
2	独立思考能力	遇到问题能够独立思考与分析，并能够找到问题的解决办法		
3	遵纪守法意识	1.能清晰认识直播平台相关法律规定； 2.能自觉遵守相关法律法规的规定		
4	团队协作精神	能与小组成员相互协作完成任务		

课后拓展

案例

典型主播：老爸评测

专业人设一般分为两大类：一类是专家型人设，多为有专业机构或身份背书，如近期兴起的各大医院医生开设的抖音账号，他们会不定期做科普类直播，部分医生有直播变现行为；另一类是达人人设，这类主播并非专业人员，只是对某一垂直领域特别有研究，进行了很多尝试并累积了大量经验，因此具有较高的公信力。

老爸评测是杭州老爸评测科技股份有限公司旗下的品牌，由魏文锋"魏老爸"于2015年创办，为大众提供科普评测、优选电商、便民检测等服务。发展至今，老爸评测全网粉丝超过1500万，旗下有五条独立的业务线，实现了经济效益和社会效益的高度统一。

作为抖音达人人设的代名词，他的直播也是技术感十足，每周一个主题，在直播中公布测评结果，既有专家现身讲解，也有技术人士亲身示范，让观众觉得非常权威。

"老爸"每次直播都会在直播前通过短视频预热，向用户公布此次直播的测评主题，吸引感兴趣的用户定时蹲守直播间收看，然后在直播间中展示测评结果。直播结束后，会发布总结类视频，以便没来得及看直播的用户可以有重点地查看，完成一套主题闭环。

专家人设的门槛较高，需要机构或职称认证，并有专业技术加持，所以很难批量复制。但他们能在短时间内建立用户信赖，更易促成转化。这里要提醒大家，切忌以次充好，实事求是是最重要的，如果随意用虚假身份欺骗用户，或是在评测中颠倒黑白，很容易被揭穿，反而得不偿失。

【想一想】

假如你的账号选择了像"老爸评测"这样的人设，并且拥有了一定的粉丝群，是否会向其他领域延伸？说说你的想法。

思政园地

思政案例

"水泥妹"的原名叫张方方，是出名较早的网红。她早期在视频平台上发布了自己为救患癌的丈夫扛水泥的视频，从而一夜走红。她在视频中称每天要扛96吨水泥，每次扛4袋水泥，每天干活8小时，收入仅有100元。无论是工作量还是出发点，她的视频都感动了网友。

然而，水泥妹的行为很快就遭到了广大网友的质疑。首先，她的工作量不现实，她所说的96吨就是1920袋水泥，就算一次扛4袋，每天就要扛480次，根本没有人能承受这种工作量。其次，网友爆料水泥妹的丈夫根本没患癌，她自己还有一台跑车。随着真相的揭露，"水泥妹"被拖下了神坛。

事实上，网红更需要具有正确的价值观。社会需要的是像袁隆平这样一辈子为科学奉献的科研工作者，像钟南山这样的抗疫英雄（图2-3、图2-4），他们才应该是真正的"网红"，值得所有人学习。

图 2-3　袁隆平院士

图 2-4　钟南山院士

请针对上述案例思考以下问题。

1. 谈谈你对"水泥妹"这类网红的看法。
2. 作为人物设定较为突出的网红，应该具备怎样的社会担当？

项目 3

直播准备 I——做好产品的选择

项目导入

直播电商历经多年的成长,从一开始只有淘宝和蘑菇街两个平台的参与,发展到成为各电商平台的标准配备。如今,直播带货已经成为中国企业追逐的热潮。要想做直播电商,首先就要有商品,但商品类目繁多,选择哪些类目的商品可以卖得好,是需要主播仔细分析的。如果选品不到位,用户不喜欢,即使直播间流量再大也无济于事。选择好产品后还需要制定合理的定价策略,合理规划直播间的商品结构,并结合产品特点制作产品的主播口播稿,这样才能使整场直播有条不紊地进行下去。本项目将重点介绍直播间选品及定价、直播间排品和主播产品口播模板的知识。

教学目标

知识目标
(1)能准确描述直播带货选品的定义、原则、方法和渠道。
(2)能准确描述直播商品定价的策略。
(3)能描述出直播间排品的策略。

能力目标
(1)能够使用文档完成直播运营的选品。
(2)能够使用文档完成直播运营的定价。
(3)能够使用文档完成直播间的排品。

素质目标

（1）具备独立设计和执行的能力。

（2）具备独立思考和创新能力。

（3）具有良好的沟通交流能力。

（4）具有团队协作精神。

课前自学

一、直播间选品

（一）什么是选品

选品是指通过相关方法选择适合直播的商品。选品对于直接电商来说至关重要，是决定直播盈利或亏损的关键环节。如果商品没选好，就算直播间人气很高，也可能会出现零转化的情况。

（二）直播选品的原则

1. 商品与主播的匹配程度

选择的商品与主播之间要有很高的匹配度，主播要对商品熟悉，并有自己的见解，在介绍商品时能把消费者的诉求与商品的卖点巧妙融合，有条理地表达出来，以刺激消费者的购买欲望，进而提升商品的转化率。

2. 商品须亲自体验

主播在直播带货时，一方面是商品的导购员，另一方面是商品的代言人，因此，为了对消费者负责，主播在推荐商品之前最好亲自体验，这样才能知道它是否是一款好商品，是否符合消费者的需求。同时，这也能让主播对商品的特性、使用方式有一定的了解，在直播时能根据自己的实际使用感受向消费者推荐商品，增加消费者的信任感，提高说服力。

例如，主播想推荐一款粉底液，就要事先弄清楚以下几个问题：这款粉底液适合什么肤质，有几种色号，自己是什么肤质，在对比使用后的感受是什么，身边其他肤质的人使用后的感受又是什么，消费者对粉底液有哪些需求，这款粉底液是否能够满足他们的需求等。这些问题都需要主播亲自体验、测试后才能得出结论，然后主播再根据自己的实际使用感受向消费者推荐商品，增强说服力。

3. 高性价比

在直播带货时，高性价比的商品一般比单纯的低客单价商品更受消费者欢迎。一般来说，价格区间在 20 ～ 150 元的高质量商品更具定价优势和利润空间，也更容易让消费者产生购买欲望，从而提高商品转化率。

4. 复购率

主播在选品时，最好选择复购率高、受众广的快消品，因为消费者的使用频次高，很容易在短时间内产生再次购买的想法。纸巾、牙膏、沐浴露等日常家居商品，都属于复购率较高的商品。

（三）直播选品的方法

1. 商品的展示性强

选择展示性强的商品有利于主播在直播间进行现场演示，通过讲解商品的核心卖点来吸引消费者产生兴趣并下单购买。例如，美妆类产品通过现场试用演示，可以立竿见影地对比出化妆前后的效果，让消费者更直观地感受到商品的优势，进而促使消费者产生购买欲望，提高商品转化率。

2. 商品的质量过硬

在通常情况下，商品的质量决定了复购率。在直播行业曾发生过很多因商品质量问题而引发的风波，严重影响了主播的形象，造成了极大的负面影响。因此，主播应严格筛选商品，排除质量低劣的商品，并在直播前对商品进行试用体验，做到对每一款商品都了如指掌。

3. 商品的品牌知名度

有品牌知名度的商品一般具有很高的用户认可度，品牌知名度越高，优惠力度越大，消费者下单的心理门槛就越低，消费者的下单意愿就越强。例如，华为手机、美的空调、联想电脑等。

4. 商品有降价空间

主播选品时要优先考虑利润高、降价空间大的商品，因为在同等优惠力度的情况下，这类商品的价格优惠更加明显，更能刺激消费者的购买欲望。

5. 组合选品

在整场直播的过程中，不同的时间段最好能上架不同价位的商品，以此来调整直播间的购物氛围，因此主播在选品时可按照商品的价格区间进行选择。例如，某直播间将商品分为低档、中档、中高档和高档四个等级，在直播过程中，利用价格较低、性价比高的商品来吸引流量、拉动商品销量，在品牌塑造上则选择价格较高的经典款来增强消费者对品牌的认知。

6. 根据直播数据调整选品

一个有经验的主播和运营团队会根据直播过程中的实时数据变化来调整选品。主要参考的数据有实时在线人数、粉丝增长率、点击转化率及粉丝互动频率等。例如，主播可以从粉丝互动中了解粉丝对哪些商品或商品的哪些价值点更感兴趣；通过某一时间段的粉丝增长率和在线人数了解这个时段直播间做的活动或者上新推荐的商品是不是更吸引粉丝。如果粉丝增长率和在线人数下降了，说明消费者对某些商品不太满意，这时就需要尽快找出消费者不满意的商品，及时作出有效的调整。

（四）直播选品的渠道

1. 线上渠道

线上货源的优点是商家没有囤货的压力，发货比较省时省力，方便且快捷；但是有时候无法看到实物，商家不容易控制商品的质量。

目前线上货源的渠道有抖音精选联盟、货源批发网站、其他电商平台。

（1）抖音精选联盟

每个直播电商平台都有自己的官方仓库，抖音精选联盟就是一个连接商家和达人的选品库。

（2）货源批发网站

批发网站是很多新手都会选择的货源渠道，比较知名的是1688阿里巴巴批发网，上面有很多一手货源，拿货会比较便宜，有些还支持一件代发。

（3）其他电商平台

选品时可以选择其他电商平台的热销商品，如淘宝、京东、拼多多上的热销商品。在其他平台卖得好意味着该商品在价格、款式、功能等方面具有一定的优势，这样的商品在直播平台销售，如果做好推广，一般也能取得不错的销量。

2. 线下渠道

线下货源比较适合有一定资金的主播和商家，他们可以根据自己控制货源的情况，把控商品；但是线下囤货的压力比较大，还会增加额外的人力成本。主要的线下渠道有以下几种：

① 批发市场进货；

② 厂家进货；

③ 品牌积压库存进货；

④ 利用人际关系寻找货源。

二、直播商品定价

直播商品定价是一项非常复杂且很关键的工作。如果把价格定得太高，商品的销量会受到影响，甚至可能卖不出去；如果把价格定得太低，消费者疯狂抢购，过早脱销，也就失去了盈利的机会。主播要根据实际情况，在直播间推荐不同客单价的商品，制定合理的定价策略，在保证自身盈利的基础上，为消费者提供更多的优惠，以刺激其购买欲望。一般来说，商品价格有高、中、低3个层次，具体如表3-1所示。

表3-1 商品价格层次分类

价格层次	价格区间	消费者购买特征
高价格	100元以上	看重商品的品质，购买决策时间长，下单谨慎
适中价格	50～100元	有所顾虑，考虑商品的实用性和购买的必要性
低价格	50元以下	购买决策时间短，大多属于冲动型消费

具体来说，直播商品定价有 3 种策略。

（一）根据主播的人物设定选择价格区间

根据主播的人物设定类型，其所在直播间的商品价格区间可分为 3 种类型。

（1）专业的人物设定主播在为商品定价时，价格要以高客单价为主，中客单价为辅，如"华生小家电旗舰店"的客单价多在 100 元以上（图 3-1）。

图 3-1　专业人物设定主播商品定价

（2）"达人"人物设定主播在为商品定价时，价格要以中客单价为主，低客单价为辅，如"熙熙宇潇服饰"的客单价多在 50～100 元（图 3-2）。

图 3-2　"达人"人物设定主播商品定价

（3）低价人物设定主播在为商品定价时，价格要以低客单价为主，中客单价为辅，如"吉祥优选百货"的客单价多在 50 元以下（图 3-3）。

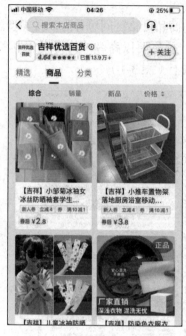 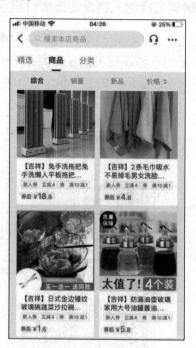

图 3-3　低价人物设定主播商品定价

（二）商品组合定价法

商品组合定价法属于心理定价法的范畴，是指为了迎合消费者的心理，特意将有些商品的价格定高一点，有些定低一点，以取得整体经济效益的定价方法。这种方法一般是将互补商品或关联商品进行组合定价，从而有利于多种商品的销售量同时增加。

因为消费者对价格很敏感，特别是对不经常购买或价值较高的商品的价格更敏感，所以企业或商家利用消费者的这一心理，在对关联商品、互补商品定价时，通常会将消费者不经常购买、价值又相对较大的商品价格定低一些，而对经常购买、价值又相对较小的商品价格定高一些。在这种定价方式中，低价商品用来打开销路，高价商品用于拉高品牌形象，两者可共同起到刺激需求的作用。在电商直播中，此定价法同样适用。然后在"此定价法同样适用。"商品组合定价的原则如表 3-2 所示。

表 3-2　商品组合定价原则

商品组合遵循的原则	举　例	备　注
赠品和商品有关联	某款卸妆水在品牌店或电商平台卖××元，但在直播时用户花同样的价格可以得到两份商品，再获赠一个卸妆棉。因为用户在使用卸妆水的过程中会用到卸妆棉，两者有关联	主播这样做可以给用户带来一种受到关爱、关心的感觉，在保证质量的前提下，即使商品定价稍微高一些，用户也会接受

续表

商品组合遵循的原则	举 例	备 注
套装搭配	一套夏季出街装一般包括T恤、短裤或裙子、墨镜、帽子和配饰。如果以上服装配饰单独购买,总价可能会超过500元。但主播在直播间给出的价格非常实惠,同样是T恤、短裤或裙子、墨镜、帽子和配饰,T恤68元,短裤或裙子49元,墨镜、帽子、配饰不要钱,总价只有117元	主播在说出商品的价格时,语速要快,声音要饱满,音量要大,向用户传达商品的优惠力度,刺激用户,使其兴奋起来,进而下单购买
赠品在直播中多次出镜	一款500ml的身体乳,实体店卖98元,电商平台卖89元;主播在直播间做活动,只需60元,买一发二;如果再加10元,主播再送两个护手霜,用户可以配合使用,效果很不错	这款护手霜要在直播过程中多次出镜,并且由主播亲自使用。这样一来,这款护手霜会非常有话题点,能够给用户留下深刻的印象,并增强用户对主播的信任度

(三)阶梯定价策略

阶梯定价策略又称为花式价格策略,主要用于销售单价较低或成套售卖的商品,如小件商品或快消品等,相当于传统"买一送一"销售方式的升级版。例如某款零食,原价为39.9元/袋,在直播间买第一件要29.9元,第二件要19.9元,第三件要9.9元,第四件直接不要钱,每人限购4件,直播间总共限量销售1万件,主播一般会引导消费者买4件,拍4件更划算。阶梯形的价格递减可以给消费者带来巨大的冲击力,刺激消费者很快产生下单购买的欲望。这种价格策略对于有冲击销量需求的商品来说,是一个很有效的方法,在完成商品促销的同时也缓解了库存压力。

在使用阶梯定价策略时,为了突出商品的价格优势,主播可以使用敲黑板的方式将原价标注出来,与现在的促销价格做出清晰的对比展示,同时可以通过调整自己的语速和音量向消费者传达商品的优惠力度,刺激他们的消费欲望,加快他们的下单购买速度。

三、直播间排品

直播间商品的排品包括不同定位商品的数量配比和商品在直播间购物袋中所处的位置。为了提高直播间的销售业绩,增强直播间抵御风险的能力,直播团队需要做好直播间排品规划,合理规划直播间不同定位商品的数量,并合理安排这些商品的展示位置。

(一)直播间商品的定位

直播间中的商品都应该有其明确的定位,通常来说,一个直播间内的商品应该有印象款、引流款、福利款、利润款、品质款5种类型,主播需根据这5种不同类型的商品所起的作用不同,对直播间的商品进行直播排品策划。直播间商品的定位如表3-3所示。

表 3-3　直播间商品定位

商品定位	举例	说明
印象款	卖包的主播可选择零钱包、钥匙包等作为印象款商品	促成直播间第一次交易的商品，可以是高性价比、低客单价的常规商品，实用性强，人群覆盖面广
引流款	1元包邮、9.9元包邮等	价格较低，毛利率属于中间水平，一般是大众商品，能被大多数消费者所接受
福利款	原价199元，今天"宠粉"，19.9元秒杀，限量8000件	一般是粉丝专属，也叫"宠粉款"。消费者需要加入粉丝团后，才有机会抢购福利款
利润款	1. 对单品定价，如"69元买一发二"；2. 对组合商品定价，如"服装三件套"	用来实现企业盈利的商品，且在所有商品中占的比例较高
品质款	价格上万元的服装，定制限量款等	一般是高品质、高客单价的小众商品，也叫形象款，承担着提升品牌形象的作用

（二）直播间商品的展现位置

在直播的过程中，商品的展现位置是存在梯度分级的。消费者进到直播间，点击直播间的购物袋后，直播商品会按照链接号依次被展现出来（图3-4）。排在最前面的是直播间的热门位置，商品曝光量最高，越靠后的位置曝光量就越低。最新上架的商品会在靠前的位置进行展示，越早上架的商品，展现位置越靠后。

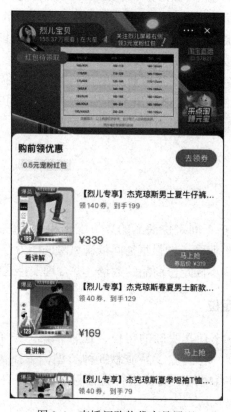

图 3-4　直播间购物袋商品展现

在整场直播中上架的商品数量较多的情况下,购物袋中展示的商品链接会比较长,消费者进到直播间后,不是每个人都有耐心浏览所有的商品链接,因此主播要尽量将性价比较高的商品,或者是有爆款潜质的商品放在购物袋靠前的位置,这样有利于商品获得较高的关注程度,进而提高商品的点击率和转化率。

(三)直播间排品规划

为了吸引流量,提高直播转化率和销售额,主播可以在直播间设置不同主题的直播,合理规划直播间不同定位商品的配比,并调整商品的展示位置。

1. 确定直播主题

直播最终的目的就是销售,主播在直播前需要确定直播主题,如表3-4所示为直播主题的分类。主播可根据这两种类型对直播主题进行阶段性的规划。

表3-4 直播主题的类型

直播主题的类型	具体内容
场合主题	休闲、校园、办公、聚会、游戏等
活动主题	上新、打折、官方活动、店铺活动、节庆等

2. 规划商品需求

确定直播主题后,主播还要对每场直播需要配置的商品做商品需求规划表,如表3-5所示。

表3-5 商品需求规划

直播日期	直播主题	预估数量(件)	商品特征	关联商品
11月9日	冬至出游拍照必学穿搭	800	保暖性好,穿着舒适,色彩靓丽	马丁靴、毛线帽、围巾、防辐射眼镜
11月10日	遇到心动男生,打造自身魅力	500	显瘦款、裙装为主	饰品、包包、冬季连衣裙
11月11日	19.9元包邮"宠粉"活动	1000	小巧精致、凸显气质	耳钉、口红、香水

3. 直播排品规划

日常促销直播主要是为了帮助品牌积累流量,提高消费者的复购率。在一场日常促销直播中,可以先上架品质款商品,并在品质款商品中设置一些新款商品,吸引消费者的关注;然后上架引流款,带动直播间的气氛,刺激消费者下单;最后上架利润款,提升直播间销售额。在日常促销直播中,不同定位的商品在直播间购物袋中从上到下的位置排序,以及不同定位商品的数量占比规划如表3-6所示。

表3-6 日常促销直播排品规划

商品排序	商品占比	直播玩法
利润款	50%	直播中对此类商品进行详细讲解，增加消费者在直播间的停留时长，以提高商品的转化率
引流款	30%	采取高效、快频的销售模式，快速讲解商品，并反复强调商品的优惠力度，以刺激消费者下单
品质款	20%	在品质款中放一些新款商品，给消费者制造新鲜感，同时借助新款商品拉动品质款的销量

课前自测

一、判断题

1. 直播时有经验的主播一般会参考实时在线人数、粉丝增长率、点击率及粉丝互动频率等数据来调整直播内容。（   ）
2. "达人"人物设定主播在为商品定价时，价格要以高客单价为主，中客单价为辅。（   ）
3. 通常来说，一个直播间内的商品应该有印象款、引流款、福利款、利润款、品质款等5种类型。（   ）
4. 由于最新上架的商品会在靠前的位置进行展示，越早上架的商品，展现位置就越靠后，所以我们要把爆款上架时间尽量靠后。（   ）
5. 单品脚本可以这样写："今天先关注主播再购买此款商品的宝宝们可以享受最低价哦，下单记得备注主播名字即可"。（   ）

二、选择题

1. （单选题）在直播带货时，（   ）的商品更受消费者欢迎。
   A. 高客单价　　　　　　　　　B. 中客单价
   C. 低客单价　　　　　　　　　D. 中低客单价
2. （多选题）播在选品时，优先考虑的因素包括（   ）。
   A. 利润　　　B. 商品质量　　　C. 降价空间　　　D. 个人偏好
3. （多选题）直播间排品时，下列关于引流款的说法正确的是（   ）。
   A. 价格较低　　　　　　　　　B. 毛利率中等
   C. 大众商品　　　　　　　　　D. 消费者接受度高

三、简答题

1. 简述直播选品的方法。
2. 写出关于某款电饭煲的直播间单品脚本中的商品卖点。
3. 主播在直播过程中发现粉丝增长率与在线人数下降了，可能是哪些原因造成的？

项目3 直播准备I——做好产品的选择

> 课中实训

一、完成一个百货直播的选品定价

【任务描述】

小张是电子商务专业的学生,他通过学习直播课程了解到,想要做好一场直播,需要统筹规划好各个环节的工作。他看到顾客进到直播间后,会观看主播介绍产品,与主播进行互动,但很多顾客到最后还是没有下单就离开了直播间,主播通过直播数据可以看出本场直播的下单转化率不高。小张想通过自己所学的专业知识分析其原因,提升直播时的下单转化率。他认为做好直播前的选品及定价工作是提升下单转化率的关键。

本任务将以这个关键问题作为出发点,重点学习直播选品的原则及方法、商品的定价策略,这也是小张在学习过程中需要重点掌握的。

【任务目标】

(1)能根据提供的素材表格完成直播选品。

(2)能根据提供的素材表格完成商品定价。

【任务需求】

PC、Excel 素材表格。

【任务实施】

1. 直播选品

"好宝贝"是一家经营婴幼儿服装的店铺,请根据表 3-7 提供的商品相关数据,选择 10 款高性价比的直播商品,要求低价格、适中价格、高价格商品合理分布,其中适中价格的商品至少占比 40%。

(1)根据表格中的"预设最低控价""成本""库存""品名"等数据,结合以上要求选择商品。

(2)填写选择商品的理由。

2. 商品定价

行业经验表明:在直播间,商品单价低于 50 元的属于低价格商品,50~100 元的属于适中价格商品,100 元以上的属于高价格商品。"好宝贝"是一家经营婴幼儿服装的店铺,请根据表 3-8 提供的商品相关数据,预估填写商品的价格,要求低价格、适中价格、高价格商品合理分布,其中适中价格的商品至少占比 30%。

(1)根据表格中"库存""成本"等数据填写商品价格。

(2)根据填写好的商品价格,确定商品价格区间。

(3)根据填写好的商品价格区间,对商品的价格进行定位。

表 3-7 直播选品表格

一级分类	二级分类	款号	品名	图片	上新月份	预设最低控价	销售形式	库存	成本	商品选择	选择的理由
下装	休闲裤	K2030337	暖暖裤		8	59	日常	7835	27		
下装	打底裤	K21403113	随形裁打底裤		8	59	清仓	4071	23		
上装	马甲	J21402104	摇粒绒马甲		8	59	日常	1409	25		
套装	居家套装	L2120475	双层纱家居套装		8	89	清仓	367	39		
上装	外套	J2120280	牛仔连帽夹克		8	69	清仓	280	78		
下装	打底裤	K840315	SOYO夹棉打底裤（拼多多是老款棉裤）		9	59	清仓	8000	26		
下装	牛仔裤	K21403122	加绒牛仔裤		9	79	日常	7288	37		
上装	打底衫	T21402117	德绒奶油蛋糕打底衫		9	59	日常	6150	34		
上装	马甲	C2130293	羽绒马甲		9	89	清仓	6102	46		
下装	运动裤	K21403124	拉绒运动裤		9	89	日常	7741	34		
上装	羽绒服	T21402124	轻薄羽绒内胆		9	129	清仓	3351	59		
上装	羽绒服	D21402103	轻薄连帽羽绒服		9	129	清仓	1757	61		
上装	外套	J21402120	摇粒绒外套		9	109	清仓	1081	56		
套装	居家套装	L21404101	澳绒条纹家居套装		9	79	清仓	896	24.5		
上装	卫衣	H21402111	澳粒绒糖果卫衣		9	59	清仓	326	20		
套装	居家套装	L21404102	德绒蚕丝随形裁家居套装		9	89	清仓	322	39.5		

项目3 直播准备Ⅰ——做好产品的选择

表 3-8 商品定价表格

一级分类	二级分类	款号	品名	图片	上新月份	销售形式	库存	成本	商品价格区间	商品价格区间	商品价格定位
下装	休闲裤	K2030337	暖暖裤		8	日常	7835	27			
下装	打底裤	K21403113	随形裁打底裤		8	清仓	4071	23			
上装	马甲	J21402104	摇粒绒马甲		8	日常	1409	25			
套装	居家套装	L2120475	双层纱家居套装		8	清仓	367	39			
上装	外套	J2120280	牛仔连帽夹克		8	清仓	280	78			
下装	打底裤	K840315	SOYO夹棉打底裤（拼多多是老款棉裤）		9	日常	8000	26			
下装	牛仔裤	K21403122	加绒牛仔裤		9	日常	7288	37			
上装	打底衫	T21402117	德绒奶油蛋糕打底衫		9	日常	6150	34			
上装	马甲	C2130293	羽绒马甲		9	清仓	6102	46			
下装	运动裤	K21403124	拉绒运动裤		9	日常	7741	34			
上装	羽绒服	T21402124	轻薄羽绒内胆		9	清仓	3351	59			
上装	羽绒服	D21402103	轻薄连帽羽绒服		9	清仓	1757	61			
上装	外套	J21402120	摇粒绒外套		9	清仓	1081	56			
套装	居家套装	L21404101	澳绒条纹家居套装		9	清仓	896	21			

二、完成一个百货直播的排品计划表

【任务描述】

在开播前，小张已经和团队成员选择好了直播商品，并制定了合理的商品价格。为了提高本场直播的销售业绩，增强直播间抵御风险的能力，接下来他们需要考虑直播间的排品规划。在制定排品规划时，不同定位商品的数量和这些商品在直播时的展示位置是规划的关键点。

本任务将围绕这个关键点，重点学习直播间的排品策略。

【任务目标】

（1）能根据提供的素材数据完成直播排品计划表。

（2）能描述出直播排品时的注意事项。

【任务需求】

PC、Excel 素材表格。

【任务实施】

直播商品包括印象款、引流款、福利款、利润款和形象款 5 种类型，其中引流款、利润款和形象款是一个直播间所必备的款式。"好宝贝"是一家经营婴幼儿服装的店铺。请结合商品定价中的相关数据和表 3-9 提供的数据，选择 15 款直播商品，要求将其中 5 款价低质优的商品作为引流款，7 款商品作为利润款，以及 3 款商品作为能够提升店铺整体品质的形象款。以下是本任务的实施过程。

（1）确定引流款商品

根据引流款商品的特点，选择 5 款符合要求的商品作为引流款。

（2）确定利润款商品

根据利润款产品的特点，选择 7 款符合要求的商品作为利润款。

（3）确定形象款商品

根据形象款产品特点，选择 3 款符合要求的商品作为形象款。

（4）商品展示位置排序

对直播间商品进行合理的"排兵布阵"，对观众留存、下单转化有很大的影响。本任务要求大家对表 3-9 所示的 15 款商品进行合理的上架排序，并以填序号的方式在表 3-9 中进行标注。

在实施过程中，同学们务必要注意不同款式商品的划分，在排序时充分考虑划分引流款、利润款和形象款的目的，使商品出现在合适的时间，与直播的整体节奏相配合，取得良好的营销效果。

表 3-9 直播排品计划

一级分类	二级分类	款号	品名	图片	上新月份	销售形式	库存	成本	商品价格	商品价格区间	商品价格定位	商品类型	商品展示位置（标序号排序）
下装	休闲裤	K2030337	暖暖裤		8	日常	7835	27					
下装	打底裤	K21403113	随形裁打底裤		8	清仓	4071	23					
上装	马甲	J21402104	摇粒绒马甲		8	日常	1409	25					
套装	居家套装	L2120475	双层纱家居套装		8	清仓	367	39					
上装	外套	J2120280	牛仔连帽夹克		8	清仓	280	78					
下装	打底裤	K840315	SOYO夹棉打底裤（拼多多是老款棉裤）		9	日常	8000	26					
下装	牛仔裤	K21403122	加绒牛仔裤		9	日常	7288	37					
上装	打底衫	T21402117	德绒奶油蛋糕打底衫		9	日常	6150	34					
上装	马甲	C2130293	羽绒马甲		9	清仓	6102	46					
下装	运动裤	K21403124	拉绒运动裤		9	日常	7741	34					
上装	羽绒服	T21402124	轻薄羽绒内胆		9	清仓	3351	59					
上装	羽绒服	D21402103	轻薄连帽羽绒服		9	清仓	1757	61					
上装	外套	J21402120	摇粒绒外套		9	清仓	1081	56					

 项目评价

学生自评表一

序号	技能点	达标要求	学生自评	
			达标	未达标
1	根据提供的素材表格完成直播选品	1.能根据任务要求选择出合适的直播商品； 2.能写出选择商品的理由		
2	根据提供的素材表格完成商品定价	1.能根据提供的数据和任务要求对商品进行合适的定价； 2.能根据商品的价格正确写出商品价格区间； 3.能根据商品价格区间正确写出商品价格定位		
3	根据提供的素材数据完成直播排品计划表	1.能根据商品的相关数据正确写出商品类型； 2.能根据商品类型对商品展示位置进行正确的序号排序		
4	根据提供的商品信息提炼出商品的卖点、利益点等，完成单品直播脚本	1.能根据提供的商品信息正确提炼出商品的买点、卖点、利益点等信息内容； 2.能完整地写出单品直播脚本		

学生自评表二

序号	素质点	达标要求	学生自评	
			达标	未达标
1	良好的语言交流沟通能力	1.能与小组成员正常交流、沟通； 2.能准确表达自己的观点		
2	独立思考能力	遇到问题能够做到独立思考与分析，并能够找到问题的解决办法		
3	良好的执行能力	能根据要求高效率地完成任务		
4	团队协作精神	能与小组成员相互协作完成任务		

教师评价表一

序号	技能点	达标要求	教师评价	
			达标	未达标
1	根据提供的素材表格完成直播选品	1.能根据任务要求选择出合适的直播商品； 2.能写出选择商品的理由		
2	根据提供的素材表格完成商品定价	1.能根据提供的数据和任务要求对商品进行合适的定价； 2.能根据商品的价格正确写出商品价格区间； 3.能根据商品价格区间正确写出商品价格定位		
3	根据提供的素材数据完成直播排品计划表	1.能根据商品的相关数据正确写出商品类型； 2.能根据商品类型对商品展示位置进行正确的序号排序		
4	根据提供的商品信息提炼出商品的卖点、利益点等，完成单品直播脚本	1.能根据提供的商品信息正确提炼出商品的买点、卖点、利益点等信息内容； 2.能完整地写出单品直播脚本		

教师评价表二

序号	素质点	达标要求	教师评价	
			达标	未达标
1	良好的语言交流沟通能力	1. 能与小组成员正常交流、沟通； 2. 能准确表达自己的观点		
2	独立思考能力	遇到问题能够做到独立思考与分析，并能够找到问题的解决办法		
3	良好的执行能力	能根据要求高效率地完成任务		
4	团队协作精神	能与小组成员相互协作完成任务		

课后拓展

案例

3000亿元直播带货市场背后的选品策略

根据中国移动互联网市场研究报告显示，移动互联网购物的主要核心群体是"90后"和"00后"，其消费额占比超过四成，他们的购物欲望特别强，比较容易被诱导，并且喜于追星和接受新事物。在观察多场带货销售额过亿元的直播间后，报告总结出以下四个选品策略。

1. 低价、高频、刚需产品

高频、刚需类快消品往往销路较好，现在网红直播选品大多以女性彩妆、护肤品、服装、生活日用品类的实用快消品为主。这类产品的平均单价一般都不会超过200元，属高频、刚需产品，成本也相对透明，便于囤货。又如卫生纸，属于生活类日用刚需产品，利润率非常低，线上直播卖得比线下更便宜，用户的决策成本非常低。

2. 展示性强的产品

展示性强的产品也就是有利于直播间现场"表演"的产品，方便主播直接演示讲解。例如家居用品、厨房、卫生间、客厅、卧室里的生活日用品等，也包含一些服装品类。

3. 标准化产品

以服饰类产品为例，为什么睡衣比个性化服装好讲解好卖？为什么女性丝袜比花色的棉袜销量更好？为什么买纯色T恤几乎不用任何思考？其根本原因就是标准化服饰对消费者的覆盖层面更广，能满足大多数人的需求，市场空间更大。更为重要的一点是，它的退货率远低于设计复杂的品类。

4. 引起共情的产品

美国交互设计协会主席乔恩·科尔科在《好产品拼的是共情力》一书中提到"共情"，又被称为"同理心"。大量产品沦为同质化产品，其根本原因就是产品设计人没有找到与用户"共情"的方法。直播带货能引起共情的方式包含两类：产品共情和身份共情。

来源：https://baijiahao.baidu.com/s?id=1668446260135203217&wfr=spider&for=pc。

思政园地

法律知识

2021年3月18日，中国广告协会发布的《网络直播营销选品规范》第三条明确规定："主播和机构不得推销法律、行政法规禁止生产、销售的商品。其推销的商品应符合法律法规对商品质量和使用安全的要求，符合使用性能、宣称采用标准、允诺等符合保障人身与财产安全的要求。"第五条明确规定："主播和机构应认真核对商品资质，属于市场准入审批的商品或者服务，需查验相应的市场准入类批准证书。鼓励主播与机构选择信誉良好的品牌商品。"

直播运营团队在选品时，应当遵守上述规范，优先选择资质健全、质量有保证的品牌商品，严禁推销法规禁售的商品。

【想一想】

1. 直播运营团队在选品时需要考虑哪些社会因素？
2. 直播前对销售的商品没有严格审核会造成哪些影响？

项目 4

直播准备 II——脚本撰写

📖 项目导入

随着电商行业的迅猛发展,直播带货已经成为一种新型的销售方式。它不仅能够直接展示商品特点,还能够与消费者进行现场互动,解答消费者的疑问,增加消费者的购买决策。如今,越来越多的商家开始采取直播带货的方式进行销售,为了在众多同质化的直播中脱颖而出,需要在直播前就做好充分的安排。因此,深入了解直播带货的脚本编写方法也成了电商直播必不可少的一环。

在直播带货中,如何编写脚本来展示商品特点、优势及解答消费者的疑问,将直接影响销售的成败。以某品牌女装的直播带货为例,主播在进行直播带货时,利用脚本详细介绍了该品牌女装的款式、面料、尺码等各方面优势,并穿戴女装进行展示,体现了女装的舒适感、品质感及搭配实用性,增强了消费者的购买欲望和信心。

好的直播带货脚本既要与商品特点相符,又要体现主播的个性及展示方式。为此,制作直播带货脚本不仅要了解商品的特点和市场走向,还要深入了解主播的特质及观众的喜好,从而尽可能地迎合主播的展示方式和消费者的购买心理。例如,在认真研究网友需求后,在脚本中加入了与网友互动、邀请网友连麦分享商品体验等环节,让直播内容更加丰富多彩,达到了更好的互动和用户留存效果。

综上所述,直播带货脚本的撰写对于直播效果至关重要。精心设计的脚本可以帮助主播更好地进行个性化展示,让消费者更好地理解商品的特点和优势,提振消费者的购买欲望和信心。因此,掌握直播带货脚本的撰写技巧已经成为直播带货必备的一项技能。

教学目标

知识目标
(1) 能准确描述直播脚本的重要性。
(2) 能知道直播脚本的类型。
(3) 能准确描述直播脚本的功能。
(4) 能够根据提供的产品信息提炼产品的卖点、利益点等。
(5) 能够简述直播行业中经常出现的违规现象。

能力目标
(1) 能撰写一份脚本模板。
(2) 能使用文档撰写调动直播间氛围的脚本。
(3) 能根据直播内容撰写一份单品脚本和整场脚本。

素质目标
(1) 具备独立设计和执行的能力。
(2) 具备独立思考和创新能力。
(3) 能利用网络资源自学相关知识。
(4) 具备团队协作精神。

课前自学

一、直播电商脚本的撰写思路

撰写一个优秀的直播电商脚本需要清晰的思路，从商品特点、消费者需求、直播带货策略等方面出发，细化拆分脚本框架，形成一个完整的直播电商节目流程。

（一）制定预期目标

脚本撰写首先要确定直播电商的预期目标，即要销售哪些产品或服务，为什么要销售，如何销售等。同时需要确定直播节目的主题，确定节目中需要强调的重点，以及如何引导观众体验直播的过程，以实现预期目标。

（二）确定内容关键词

在预期目标确定之后，接下来就需要确定直播电商节目的各个内容关键词，包括节目的主题、每个节目环节的话题、主播要说的话、演示要呈现的内容等。可根据前期研究、商家和消费者的调查及行业情况，确定直播内容的关键词，以提高直播带货的效果。

（三）制定节目流程表

在确定了直播电商节目的预期目标和关键词之后，接下来要根据这些关键词制定完整的节目流程表，整体呈现当天的直播内容和节目安排，要清晰地呈现直播的环节，让商家和观众理解每个环节的内容、定位和特点，从而更好地与观众和商家进行沟通互动。

（四）撰写节目脚本

以上工作都完成后，才是对直播电商节目脚本的撰写。要注意在脚本中尽可能地将目标带入具体议程，呈现出最有利于销售的内容。脚本的设计要简单明了、主题鲜明、场景清晰，并积极寻找直播中出现的问题和瓶颈，及时进行调整和改进。

二、直播电商流程和技巧

在直播电商运营中，除了脚本撰写，还需要掌握一些直播的基本流程和技巧，比如直播设备的使用、语言表达技巧和表现力、商品推销技巧等。

（一）直播电商流程

（1）商品选取：在开展直播带货前，需要对要销售的商品进行筛选，选择最具优势的商品进行展示。

（2）直播计划：制订直播计划，明确直播节目的主题、节目环节、演示内容等。

（3）直播推广：通过社交媒体、官方平台、品牌推广等多种渠道进行宣传推广，为直播带货吸引更多观众。

（4）直播带货：通过直播，向观众展示商品的特点、优势等，并引导观众购买商品。

（5）维权处理：及时处理存在的问题，保障消费者的权益。

（6）售后服务：及时处理售后服务问题，增强观众对商品和品牌的信任度。

（二）直播电商技巧

在确定预期目标之后，接下来要确定直播中各个环节的关键词，包括节目的主题、每个节目环节的话题、主播要说的话、演示要呈现的内容等。根据前期研究，商家和消费者的调查及行业情况，确定直播内容的关键词可以提高直播带货的效果。

（1）语言表达技巧：主播要有一定的语言表达能力，避免过度表述或误导观众。

（2）表现力：主播要有良好的形象和表现力，把自己塑造为可以信赖、了解商品、善于沟通的专家。

（3）产品讲解：主播需要学习产品细节、产品对比等方面的知识，讲解产品的特点、优势、使用方法等，引导观众购买。

三、消费者心理

直播电商的核心在于能够尽快吸引消费者的兴趣，并在消费者的购买意向被激发时快速将意向转化成交易，因此了解消费者的心理和需求是非常重要的。直播团队可以通过调查问卷、观察商家互动记录、学习市场调查报告等方式，从多个角度了解消费者的心理和需求。

（一）消费者购买动机

消费者购买商品的动机是多种多样的，有些人是为了满足自己的需求，有些人是为了获得一定的社会地位，还有一些人则是为了追求自我提升和成长。因此，在撰写直播电商脚本时，需要根据不同的消费者群体，从商品的价值、优势等多方面入手，凸显其满足消费者需求的特点，让消费者能够更好地感受到商品的价值，从而促进购买行为。

（二）消费者购买心理障碍

消费者购买商品时，可能会存在许多心理上的障碍和顾虑，包括价格、品质问题、售后服务等。因此，在直播电商脚本中，需要针对这些心理问题，提供有针对性的解决方案，增强消费者对商品和商家的信任度，促进消费者的购买行为。

（三）消费者购买行为模式

根据消费者的购买行为模式，可以更好地为直播电商的脚本撰写提供指导。消费者购买行为通常包括情感购买行为、理性购买行为等。情感购买行为是受物品的外在形象或主观评价等因素影响的行为；理性购买行为则是受物品的实用性或功能等因素影响的行为。在撰写直播脚本时，可以针对不同的购买行为模式进行设计，并提供符合消费者购买行为模式的解决方案，以更好地引导观众购买商品。

课前自测

一、选择题

1. （多选题）撰写直播电商脚本需要了解（　　）。
   A. 商家和商品特点　　B. 直播节目的主题　　C. 消费者心理和需求
2. （多选题）直播电商脚本的作用是（　　）。
   A. 引导观众购买商品
   B. 展示主播的才华和风采
   C. 营造品牌形象
   D. 满足主播的个人目的

二、判断题

1. 直播电商脚本的基本要求是拥有浓厚的文化气息和固定的产品标志。　　（　　）
2. 直播电商脚本需要熟悉消费者心理，包括购买动机、购买行为模式和购买心理障碍等。　　（　　）

三、简答题

1. 撰写直播电商脚本时需要注意哪些技巧？
2. 为什么了解消费者心理对直播电商脚本撰写很重要？

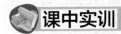
课中实训

一、撰写直播脚本

【任务描述】

王晓虎是电子商务专业大二的学生，他进入直播间后发现直播并不像自己想象得那样简单，他对直播内容、流程、活动等都不熟悉，他在直播过程中逻辑混乱，经常卡顿忘词，和观众也没有互动，效果很不理想，整个直播过程非常不顺利。针对这些问题，王晓虎决定要有针对性地一一解决，希望能够帮助自己在下场直播中有更好的表现。本任务将以上提到的几个问题作为出发点，根据直播间的实际情况，有针对性地解决这些问题，具体分为三个小任务：第一，完成一份百货直播间活动脚本撰写，策划好直播活动脚本；第二，完成一份产品的主播口稿；第三，对直播间违规案例进行分析。

【任务目标】

（1）能列举直播脚本的类型。
（2）能简述直播脚本的基本要素和写作技巧。
（3）能根据需求撰写单品和整场的直播脚本。

【任务需求】

PC、文档撰写软件、文件模板等。

【任务实施】

1. 活动内容

"2023秋季新品发布会"是一场引人瞩目的活动，科技、时尚、汽车、电子产品、家居用品等各个行业的企业都会在这场活动中推出令人期待的全新产品，展示其最新的创新成果。

2. 脚本撰写

"2023秋季新品发布会"直播活动的脚本撰写需要分为单品脚本和整场脚本两种类型，其撰写要求如表4-1所示，单品脚本的示例如表4-2所示，整场脚本的示例如表4-3所示。

表4-1 直播活动脚本要点

脚本类型	写作注意事项
单品脚本	单品脚本最好以表格的形式呈现，清晰展现产品的卖点与利益点，还要包括品牌介绍、引导转化、直播间注意事项等，以保证对接过程清楚流畅
整场脚本	整场脚本是对整场直播的规划与安排，包括两大重点内容，一是直播逻辑与玩法的编写，二是直播节奏的把控

表 4-2 单品脚本示例

单品脚本撰写内容		具体内容
项目	品牌理念	××品牌以向用户提供精致、创新、健康的小家电产品为己任。该品牌主张以愉悦、创意、真实的生活体验丰富人生，选择××品牌不只是选择一个产品，更是选择一种生活方式
商品卖点主播介绍	用途多样	具有煮、涮、煎、烙、炒等多种烹饪功能
	产品具有设计感	1. 分体式设计，既可以当锅用，也可以当碗用； 2. 容量适当，一次可以烹饪一个人、一顿饭的食物； 3. 锅体有不粘涂层，清洗简单
直播利益点	"双十一"特惠提前享受	今天在直播间内购买此款电热锅享受与"双十一"活动相同的价格，下单时备注"主播名称"即可
直播时的注意事项		1. 在直播进行时，直播间界面显示"关注店铺"卡片； 2. 引导用户分享直播间、点赞等； 3. 引导用户加入粉丝群

表 4-3 整场脚本示例

直播活动脚本	
直播主题	2023 秋季新品发布会
主播	主播昵称
主播介绍	例如：时尚主播、"网红"主播、粉丝数量
直播时间	2022 年 6 月 18 日，20:00—22:00
内容提纲	
前期准备	明确直播目标、直播宣传预热、人员分工、设备检查、品牌梳理
开场预热	自我介绍、与粉丝互动
品牌介绍	介绍品牌相关信息，引导粉丝关注店铺
直播活动介绍	介绍直播福利、直播流程，进行诱惑性引导
产品讲解	多角度介绍产品，语言生动，富有感染力
产品测评	立足于顾客角度全方位体验产品
产品性观众互动	案例讲解、分享故事、解答顾客疑惑
试穿分享	对产品进行客观评价，分析产品的优势与不足
抽取奖品	在抽奖过程中穿插用户问答
活动总结	再次强调品牌、活动及个人
结束语	引导用户点击关注，预告下一场直播
复盘	对直播活动进行总结，发现问题，调整脚本，优化完善

3. 互评

接下来小组成员针对各自完成的"2023 秋季新品发布会"活动脚本进行互评，共同商讨后确认一套可以执行的"百货直播间"活动脚本,包括单品脚本(表4-4)和整场脚本(表4-5)。

表 4-4 单品脚本

单品脚本撰写内容		具体内容
项目	品牌理念	
商品卖点	用途多样	
主播介绍	产品具有设计感	
直播利益点	"双十一"特惠提前享受	
直播时的注意事项		

表 4-5 整场脚本

直播活动脚本	
直播主题	
主播	
主播介绍	
直播时间	
内容提纲	
前期准备	
开场预热	
品牌介绍	
直播活动介绍	
产品讲解	
产品测评	
产品性观众互动	
试穿分享	
抽取奖品	
活动总结	
结束语	
复盘	

二、完成一个产品的主播口播稿

【任务描述】

第一个任务已经完成,接下来我们来完成第二个任务——撰写一个产品的主播口稿。

【任务目标】
（1）能根据提供的产品信息提炼产品的买点、卖点、利益点等信息。
（2）能撰写产品的口播文稿。

【任务需求】
PC、文档撰写软件、文件模板等。

【任务实施】
根据下面提供的商品信息，设计单品脚本。

Urban Explorer 轻巧背包

一个年轻的都市探险家，遍行城市的街头巷尾，不断探索着新的冒险。他需要一个背包，既能满足日常生活的需求，又能承载他的探索装备。

通过展示 Urban Explorer 轻巧背包的时尚设计、贴心功能和耐用性，吸引年轻的都市探险家购买产品。同时，通过背包在各种环境下的功能展示，展现了 Urban Explorer 背包的多用途性。最后，强调产品的品牌宣传，让用户感到自己已成为探索世界的一部分。

步骤一：提炼买点。买点是消费者能够从中获得的利益，包括功能买点和情感买点。

步骤二：提炼卖点。卖点是商品的不同点、功能特点、品质特征，是商品的主要竞争力和优势。

步骤三：提炼利益点。利益点是商品让人接受的特点，能给人带来直接利益或间接利益，要注意利益点是站在消费者的角度来说的。

步骤四：撰写品牌背书话术。品牌背书是指通过第三方知名度、美誉度或权威度来增加用户对商品的信任感。

步骤五：撰写商品体验话术。主播在现场进行商品体验也是增加用户对商品信任感的一种方式，如服装类商品可以通过试穿呈现其特色等。

步骤六：撰写引导转化话术。引导转化话术指通过展示价格优势、限时限量秒杀、设置价格锚点等方式引导用户下单。

三、直播违规案例分析

【任务描述】
前两个任务已经完成，接下来我们来完成第三个任务——对直播间违规案例进行分析。

【任务目标】
（1）能简述直播行业中经常出现的违规现象。
（2）能分析讨论和反思这些案例。
（3）能增强其法律意识和规范意识。

【任务需求】
PC、Photoshop 软件、文件模板等。

【任务实施】

分析和讨论以下案例。

（1）某直播间宣传，下单购买商品后，在直播间停留5分钟，同时发表三遍"已买666"可48小时内发货，不互动的15天发货。

（2）某直播间宣传"一定要扣666报名参加才能领取福利"。

（3）某直播间宣传"拍了的打3遍拍了优先发货"。

（4）某直播间宣传"扣5遍尺码上一个库存"。

（5）某直播间宣传"宝宝们，这个红糖、红枣可以补气血、活血，还可以有效缓解生理痛，手脚冰凉的宝宝们、体寒的宝宝们都要喝"。

（6）某直播间宣传"今天大家推荐的这瓶精华，可以促进血液循环、促进胶原蛋白再生，还可以祛除红血丝、斑点、抗过敏"。

（7）某直播间宣传"这款产品采用独家秘方配置、最先进的工艺技术，是国家级优质产品"。

（8）某直播间宣传"宝宝们，今天给到大家的价格真的是全网最低价了，错过这个村儿就没这个店儿啦"。

请分析上述案例是否违规行为。

项目评价

学生自评表一

序号	技能点	达标要求	学生自评 达标	学生自评 未达标
1	能够撰写一份单品脚本	1. 能列举直播脚本的类型； 2. 能简述直播脚本的基本要素和写作技巧； 3. 能根据撰写单品和整场的直播脚本		
2	能够使用文档撰写一个产品的主播口播稿	1. 能了解直播间氛围的重要性； 2. 能列举几种调动直播间氛围的方法； 3. 能撰写一份直播氛围控场脚本		
3	能够对直播违规案例进行分析	1. 能简述直播行业中经常出现的违规现象； 2. 能分析讨论和反思这些案例； 3. 能增强法律意识和规范意识		

学生自评表二

序号	素质点	达标要求	学生自评 达标	学生自评 未达标
1	独立设计和执行的能力	能独立执行完成一个设计任务		
2	独立思考和创新能力	遇到问题能够做到独立思考与分析，并能够找到问题的解决办法		

续表

序号	素质点	达标要求	学生自评	
			达标	未达标
3	能够利用网络资源自学相关知识	执行任务前能够使用网络资源寻找新的参考素材，帮助完成任务，并学习相关的知识		
4	团队协作精神	能与小组成员相互协作完成任务		

教师评价表一

序号	技能点	达标要求	教师评价	
			达标	未达标
1	能够撰写一份单品脚本	1. 能列举直播脚本的类型； 2. 能简述直播脚本的基本要素和写作技巧； 3. 能根据撰写单品和整场的直播脚本		
2	能够使用文档撰写一个产品的主播口播稿	1. 能知道直播间氛围的重要性； 2. 能列举几种调动直播间氛围的方法； 3. 能撰写一份直播氛围控场脚本		
3	能够对直播违规案例分析	1. 能简述直播行业中经常出现的违规现象； 2. 能分析讨论和反思这些案例； 3. 能增强法律意识和规范意识		

教师评价表二

序号	素质点	达标要求	教师评价	
			达标	未达标
1	独立设计和执行的能力	能独立执行完成一个设计任务		
2	独立思考和创新能力	遇到问题能够做到独立思考与分析，并能够找到问题的解决办法		
3	能够利用网络资源自学相关知识	执行任务前能够使用网络资源寻找新的参考素材，帮助完成任务，并学习相关的知识		
4	团队协作精神	能与小组成员相互协作完成任务		

课后拓展

案例

提及主播，人们往往会联想到的许多的网红主播。一些网红主播粉丝超过千万，单场直播最高观看人数超过四千万，单场直播最高点赞数超亿，单链接引导成交额超亿元，单天直播引导成交额最高超 10 亿元。

【想一想】

随着直播电商不断发展，淘宝直播平台上的主播越来越多，这些网红主播为什么能够冲突重围，跻身头部，并长久地保持自己的优势？

思政园地

思政案例

2021年9月7日,淘宝直播发布了3年来的助农成绩单,其中提到:这3年来,淘宝培养了11万个农民主播,通过直播带动农产品销售50亿元。据悉,淘宝1/4左右的网店都来自农村,通过直播带货,淘宝正吸引着越来越多的年轻人回到农村,促进乡村建设。

李成斌是黑龙江一名普通的农民,在淘宝上开了一家名为"我在农村土特产"的小店。通过直播的方式销售自己家种的大米、木耳,从一开始的无人问津,到现在每个月都能卖出十几万元的农产品。除此之外,李成斌还主动帮村里的低保户销售农货,带动乡亲们实现共同富裕。

来源:https://baijiahao.baidu.com/s?id=1710251068425185287&wfr=spider&for=pc

【想一想】

1. 网店如何开展直播带货?
2. 直播带货对于就业有什么意义?

项目 5

直播准备Ⅲ——主播素养和口才训练

项目导入

4月1日是罗永浩在抖音平台直播带货的首秀日。与以往惯例不同,罗永浩这次并未迟到,他希望用户像此前在大型场馆一样欢迎他,他还调侃称:"到现在也没有人给我送飞机。"正式带货开始前,罗永浩提醒用户填写购物地址,解释商品打折的原因,以及交代产品的质量和售后问题。

直播开始15分钟后,屏幕显示罗永浩直播间成为小时榜第一位,实时音浪约827万,收入音浪1112万。现场助理称,实时在线人数约280万。罗永浩在开播时粉丝约620万。在罗永浩宣布在抖音带货当天,3小时里,其首条抖音视频的点赞数突破37万,粉丝突破百万。数据显示,整场直播持续3小时,支付交易总额超1.1亿元,累计观看人数超4800万人。罗永浩创下了抖音平台目前已知的最高带货纪录,尽管老罗既没有亲自抹口红,也没高呼omg,但仍然带来了令人震撼的结果。

直播行业一位资深从业者告诉新京报记者,抖音邀请罗永浩直播,其实更希望通过罗永浩这个IP,推广抖音直播带货,强化其在用户和商家中的认知度。"罗永浩带的货,大概是'抖音直播带货'本身。"

来源:https://baijiahao.baidu.com/s?id=1662859958565850532&wfr=spider&for=pc。

教学目标

知识目标

(1)了解主播应具备哪些心理素质。

（2）掌握直播主播说话的技巧。

（3）掌握主播口才训练的重点。

（4）了解录像的相关工具。

能力目标

（1）掌握单品直播的常用话术。

（2）能够完成一场 15 分钟的单品录播。

（3）能够使用录像工具录制录播实况。

素质目标

（1）具备独立设计和执行的能力。

（2）具备创新意识和创新精神。

（3）具备良好的沟通交流能力。

（4）具备团队协作精神。

课前自学

一、直播主播必备的心理素质

在任何行业中，心理素质都是非常关键的指标，每个行业要求的心理素质都不尽相同，一般来说，直播主播需要具备自信、尽职、乐观的心理素质。

（一）自信

很多主播在直播时总是担心自己做不好，要么担心自己上镜不好看，要么担心自己的直播不受观众喜欢等。如果主播缺乏自信，就容易产生各种各样的顾虑，进而造成焦虑和慌乱。在很多情况下，焦虑和慌乱只会让错误出现的概率更高。因此，主播一定要保持自信，即使在直播中出现错误也要冷静对待，巧妙地予以解决。

（二）尽职

新手主播都会经历直播无人观看或者只有很少人观看的情况，这是非常正常的。一些新手主播长时间面对这种情况，很容易产生失落、懈怠的情绪，以至于在直播时敷衍了事、得过且过，这样做只会让情况变得更加糟糕。无论做什么事情，都应该以一种负责任的态度去坚持，做直播也不例外。作为一名主播，即使直播间里只有一个人，也要尽职尽责，这既是对观众负责，更是对自己负责。新手主播可以暂时没有丰富的直播经验，但一定要有专业的直播精神，要用真诚的态度来对待每一场直播。

（三）乐观

主播要时刻保持乐观的心态，不必过分关注观众对自己的负面评价，因为众口难调，谁也不能保证自己能够得到所有人的认可，千万不能因为受到个别观众的言语攻击就影响做直播的心情。主播在直播完后应该多想一想，为什么会有人觉得自己的直播不好，是对方主观原因导致的，还是自己真的有需要改进的地方，要寻找对方给出消极评价的原因，有则改之无则加勉，而不是过度纠结消极评价给自己造成的伤害。在直播过程中，还可能会遇到各种各样令主播感到不舒服甚至难过的事情，但无论在直播中发生什么，主播都应该以乐观的态度积极对待。

二、直播主播说话的技巧

在网络直播中，语言是主播思维的集中体现，与外在形象相比，语言更能体现主播的修养和气质。说话是一门艺术，一位主播即使外在条件非常出众，但说话时如果语无伦次或者信口开河，观众也不会有观看其直播的兴趣。

（一）交流要有"高情商"

"高情商"的重要表现是会说话，让观众在观看直播、与主播互动的过程中感觉到主播的亲切与友善。

1. 要学会聆听观众的观点

主播与观众说话时，不仅要懂得如何去说，还要懂得如何去听。只有仔细聆听观众对自己意见的回馈或反应，才能确定观众有没有在听自己说话，以及观众是否真正明白自己说的话。此外，主播通过聆听也可以了解观众关心的、愿意讨论的话题是什么。

2. 语言表达方式要灵活

说话对象、说话目的和说话情境不同，语言的表达方式也不尽相同。主播与观众沟通时，要根据实际情况来灵活选择是直率地表达自己的观点，还是委婉地表达自己的意见。如果该直率时不直率，该委婉时不委婉，就无法达到有效的交流。

3. 对观众的赞美和礼物要表示感谢

在直播过程中，观众经常会在评论区对主播表示赞美，或者向主播赠送礼物表示支持与肯定，这时主播一定要及时地表示感谢。尤其是在主播收到礼物后，无论礼物的数量与价值有多少，都要一视同仁，向赠送礼物的观众表达感谢。在直播中，不只是主播希望获得关注，观众同样也希望获得关注。观众在评论区活跃发言或者向主播赠送礼物，不仅是对主播表达赞赏和支持，也是希望在直播中获得参与感。主播对观众表达感谢，能够让其感觉自己是被尊重的，已经真正参与到与主播的互动交流中，很可能因此成为"铁粉"。

（二）要会寻找有趣的互动话题

在直播过程中，只要有话题，就能不断地与观众进行互动。主播可以通过以下方法来寻找互动的话题，以打破直播间冷场的尴尬。

1. 寻找共同点

人们都喜欢和与自己有共同点的人谈话、交往，以此来寻求共鸣。因此，主播在与观众互动的过程中，可以寻找双方的相似点，如共同的兴趣、地域、职业、经历等，这样有助于加深彼此的感情，拉近与观众之间的心理距离。

2. 用问题激发观众互动

提问是一种非常有效地激发观众互动的手段。例如，主播可以询问观众所在的领域发生了哪些变化，遇到了什么问题等，然后从观众的回答中找出一些大部分观众都比较感兴趣的话题，再进行深入的沟通。

三、直播主播常用语

话术的意思是说话的艺术。优秀的话术可以更加完善的表达出自己的意愿，收获良好的结果或者自己预期的结果。主播平时可以积累一些直播常用语，这对于直播来说很有帮助。下面列举一些直播主播的常用语。

（一）开播语

开播语是指在刚开播时需要说的一段开场白。这段开场白往往比较简短，必须用一两句话就能表达清楚，并且要对观众有吸引力。开播语说得好，可以瞬间点燃直播间的气氛，促使粉丝对主播产生好感，产生与主播互动的欲望。

【例】

• 我是××，青春靓丽，吹拉弹唱样样强，还有一身正能量！感谢大家前来捧场！有钱的捧个钱场，没钱的捧个人场，空闲的捧个留场，喜欢的捧个情场，最重要的是给你们一个笑场！我是主播××，感谢大家支持。

（二）欢迎语

欢迎语是直播间最基础的话术，有助于增强主播的亲切感。对于每一个进入直播间的观众，主播都应该表示欢迎，让观众在进入直播间的那一刻感到亲切。但是欢迎语并不是千篇一律地说一句话，而是需要技巧，要有新意。类似于"欢迎××来到直播间"这样的话术，全网都在用，很难引起观众的注意。

【例】

• 欢迎宝宝们来到直播间，点点关注不迷路，主播是直播新人，希望宝宝们能多多支持，多多捧场。

• 欢迎各位小伙伴们来到我的直播间，主播人美、歌甜、性格好，小伙伴们走过路过不要错过。

（三）求关注常用语

只有账号被观众关注，才能获得持久的流量。因此，大多数主播在直播过程中和结束前都会向观众要求"关注"。

【例】
- 感谢××的关注，还没关注的抓紧关注，主播会每天给宝宝们带来不同惊喜。
- 感谢宝宝们的关注，来看我那么多次了，走过路过不如来个关注。
- 欢迎新来的朋友，不要着急马上走，人间自有真情在，点点红心都是爱，天若有情天亦老，来波关注好不好。

（四）追单常用语

追单是直播带货最核心、最不可或缺的活动之一。很多观众到下单时会犹豫，这时一些追单常用语可以帮助观众尽快下单。

【例】
- 这款数量有限，看中的一定要及时下单，不然就抢不到啦！
- 线上抢购人数多，大家看准了抓紧时间下单！
- 这次折扣仅限本次活动，错过就不会再有这个价格了！大家抓紧时间！
- 我们这款商品只有10分钟的秒杀优惠，喜欢的朋友们赶紧下单啦！
- 还有最后3分钟，没有购买到的赶紧下单！买它，买它，买它。

（五）结束语

与开播语一样，结束语在直播中也很重要，主要用于对整场直播进行总结，并对粉丝的关注和支持表达谢意。在结束直播时，主播要礼貌地向观众说明直播要结束了，并积极引导观众关注自己，以及为下场直播预告。

【例】
- 感谢今天直播间朋友们的陪伴，谢谢你们的关注，今天很开心！虽然有一部分人没有陪到我下播，但百忙之中抽时间过来实属难得。
- 感谢所有进直播间的宝宝。很多宝宝从我一开播就来了，一直陪到我下播，咱们下次再见。
- 主播马上就要下播了，今天和大家聊得非常开心，明天×点我在这里等你们，你们一定要来赴约哦！希望再看到你们。

四、主播口才训练的4个重点

（一）语言要有逻辑性

优秀的主播在口语表达上都有过人之处。良好的口语表达能力主要体现在说话井井有条、不慌不忙、应答如流。其实，这里涉及的主要是说话逻辑问题。很多主播由于经验不够或心理紧张，以及一些个人习惯问题，在与观众沟通时往往语速过快或过慢，缺乏逻辑性、层次感，不但不能说服观众，甚至连自己在说什么都不清楚，又何以打动观众呢？主播一定要非常注意说话要有逻辑，用词恰当、谈吐自如，将直播的主题表达清楚，对观众提出的异议也能巧妙化解。

（二）语速要合适

直播间没有字幕，内容全靠主播口述，这就对主播口语表达的速度提出了较高要求。主播的语速对直播间的节奏影响很大，过快或过慢都不是最好的表达方式。语速过快就犹如开足马力的机器，主播自己容易疲倦，观众也难以跟上主播讲话的节奏，尤其是在直播间这个特殊的环境下，经常是很多人同时发言，也没有字幕，一些关键的话、重要的信息，稍不留神就错过了。语速过慢同样不利于交流，直播间会显得死气沉沉，如果中间出现过长时间的"冷场"，观众就会失去耐心，离开直播页面，新进入直播间的观众也会不明所以。主播要做到语速适中、吐字清晰、发音清楚。科学研究表明，直播间理想的语速为每分钟200~250个字，这样的速度是观众听起来最舒服的，也便于其理解和接受。

（三）充分利用语调传达情感

人与人之间有效的交流、沟通需要以真情实感为基础。也就是说，在与人交流的过程中必须倾注情感。语调是情感流露的窗口，愉快、失望、坚定、犹豫、轻松、压抑、狂喜、悲哀等复杂的情感都能通过语调的抑扬顿挫、轻重缓急来表现。在直播间，为了使自己的谈话引人注目，一定要在声音大小、高低、快慢上下功夫，这样才能收到事半功倍的效果。语调的高低升降，包括升调、降调、平调、曲折调，直播时可以适当地加入微笑、重音、轻读等多种形式。需要注意的是，这一切都要建立在追求自然、真情流露的基础上，如果装腔作势，过分追求所谓的抑扬顿挫，会给人华而不实的感觉。

（四）巧妙利用停顿技巧

停顿是一门说话的艺术，更是一门技术。一部电影，如果一直是高潮迭起，没有停歇间隔，往往不能真正深入人心。同样，一场好的直播，主播也不能总是滔滔不绝，不停地制造高潮和惊喜，适时地停顿是非常必要的，有经验的主播都会找机会稍作停顿，让自己和观众不用一直保持精神高度集中的状态。那么在什么时候停顿是合适的呢？一是可以根据标点符号进行停顿，标点符号是最佳的停顿标志，既是书面语言的停顿符号，也是交流时停顿的重要依据。二是可以根据语义停顿，有时候一个句子中间没有标点，为了准确地表达语意，揭示语言的内在联系，也需要适当地停顿。在没有标点符号的前提下，是停顿还是连续，通常以所要表达的意思为基准。有时是为了强调，有时是为了换气。比如主播介绍某商品促销活动的台词："这款商品的3折优惠活动将在今天晚上直播后结束，有意向的宝宝们要及时关注！"为了表示强调，在"3折优惠活动"处就需要停顿一下，这样才能让观众感受到活动优惠的力度，以引起观众对商品价格的重视。

五、主播口才训练的4种方法

（一）背诵

直播需要以策划案为基础，策划案是对直播内容的高度总结和概括。没有策划案，主播大脑会一片空白，即使再能说会道，仅凭伶牙俐齿也很难支撑连续几小时的直播。记不住策划案的内容，要想脱口而出是不可能的。很多时候，口才并不仅仅是一种天赋，还需要后天的努力，好主播是练出来的，平时的锻炼对好口才起着至关重要的作用。

主播如何才能将策划案熟记于心呢？最简单的方法就是背诵。"背"是对记忆能力的培养，"诵"是对表达能力的训练。背诵就是先记忆，再去表达，先"背"再"诵"，这是练习口才必不可少的一种方法。只有记住了所要说的内容，头脑中存足知识，才能在此基础上充分发挥，做到张口即出，滔滔不绝。背诵法的着眼点在"准"上，要求准确把握背诵的内容，不能有遗漏或错误，而且在吐字、发音上也要准确无误，然后在此基础上进行声情并茂的表达。

（二）练习

人人都羡慕口才好的人，但好口才不是天生的，也不是一朝一夕就可以练成的，而是需要常年练习。成本最低、效果最好的练习口才的方法，就是对着镜子练习，练习时要注意两点：一是要保持微笑。对着镜子练习，保持微笑是第一要求。对主播而言，微笑是直接加分项，即使你说话时出现了失误，甜美的笑容也会有所弥补。所以在练习时就要养成微笑的习惯。二是制订合适的计划。对着镜子练习时不能盲目地练，更不能随心所欲地练，必须为自己制订计划，比如练习的时间、练习的内容、要达到的效果等。因此，在练习时要计时，而且时间要逐渐增多，一个阶段比一个阶段时间长。同时，练习的内容也不能一成不变，应该一次比一次有逻辑、有条理，这样才能达到练习口才的效果。

特别注意的是要加强唇舌发音锻炼，唇舌对于我们吐字发音有着至关重要的作用，它不仅可以帮助修正、美化声带，还能让声带更好地运作，完成发音中的音律及音色变化。表 5-1 所示为唇舌发音锻炼技巧。

表 5-1 唇舌发声锻炼技巧

项目	解释说明
松口腔	每日松下巴 30 次
换气	每日喊"嘿、哈、喝、也、哈、或"各 30 次
唇操	每日撮唇、转唇、合口左右噘唇各 30 次
舌操	每日顶腮、挂舌、转舌、弹舌各 50 次

（三）复述

正所谓"他山之石，可以攻玉"，不断复述对口才、表达能力的提升有很大的帮助。对于复述这种方法，很多人不以为然，认为复述就是简单地照着读、跟着念。其实不然，复述是一种能力，它要求在复述过程中融入自己独特的理解，把他人的话语用自己的方式更清楚地表述出来，重在提升语言的连贯性和记忆力。在练习复述时要注意循序渐进、由易到难。

（四）试错

很多人做事情会因害怕失败而选择最保守的方式，其实不敢尝试就是最大的失败。因为不敢面对挑战就会失去成长的机会，同时也会导致对自己能力的不自信。没有尝试过就无法了解真正的自己，更难让自己树立起自信心。直播间卖货也是同样的道理，很多主播在初次直播时，因害怕说错而不敢开口，不敢面对广大观众。然而，越不敢说，越不知道问题出在哪里，如果大胆地说出来了，即使犯了错也能知道错在哪里，从而有针对性地进行纠正。

课前自测

一、选择题

1. （多选题）主播必备的心理素质包括（   ）。
   A. 自信　　　B. 尽职　　　C. 乐观　　　D. 追求完美
2. （多选题）主播口才训练方法包括（   ）。
   A. 背诵　　　B. 练习　　　C. 复述　　　D. 试错
3. （多选题）直播主播常用语包括（   ）。
   A. 开播语　　B. 欢迎语　　C. 求关注话术　　D. 追单话术　　E. 结束语

二、简答题

简述直播主播有哪些常用的说话技巧。

课中实训

一、进行主播口才训练展示

【任务描述】

数字印证了直播电商的蓬勃发展。根据商务部电子商务和信息化司的统计数据，2022年重点监测电商平台累计直播场次超1.2亿场，累计观看超1.1万亿人次，直播商品超9500万个，活跃主播近110万人。直播行业的发展也带来了大量的人才需求，据有关机构预测，未来直播行业的人才缺口将达4000万人。张三所在的电子商务公司计划开拓直播电商业务，为了储备直播主播人才，公司内部正在选拔人员进行培训。

【任务目标】

（1）能根据提供的产品信息准备常用话术。

（2）能脱稿进行5分钟的直播模拟展示。

【任务需求】

PC、智能手机、直播灯。

【任务实施】

（1）按照学生特点进行分组。

（2）各小组分析产品特点后进行常用话术的初稿准备。

（3）各小组对常用话术的初稿进行分析修订，形成正式稿。

（4）各小组背诵正式稿并进行小组内部的试播。

（5）各小组进行常用话术试播。

（6）相互点评，并提出修正意见，完成表5-2。
（7）按照修改意见再次进行试播。

表 5-2　主播口才训练评价

项目成绩	优秀	良好	及格	不及格	备注（建议）
主播形象					
直播话术					
语言表达					
互动能力					
产品知识					

二、拍摄录制一场 15 分钟的开场单品演示

【任务描述】

小李所在的电子商务公司准备策划一场××品牌食品的直播，为了更好地胜任这个直播岗位，也为了保证直播能够顺利开展，小李决定和同事们一起拍摄录制一场 15 分钟的录播，提前从中发现问题并及时改正。

【任务目标】

（1）能完成食品直播商品脚本的撰写。
（2）能掌握食品直播的讲解技巧。
（3）能使用录像工具录制录播实况。

【任务需求】

PC、智能手机、直播灯。

【任务实施】

1. 完成食品直播商品脚本的撰写

表 5-3 所示为脚本表格的案例。

表 5-3　食品直播商品脚本

项　目	商品宣传点	具 体 内 容
品牌介绍	品牌理念	每一份用心，都能让更多的人吃上放心、健康的食品
商品卖点	使用节点	记得好好吃早餐，幸运会对努力的人微笑，甜蜜糕点，早餐选择困难的营养之选；下午电量不足，及时补充能量；加班小困小饿，有它相伴
	口味丰富	咸蛋黄面包："蛋黄控"的最爱，快乐从早上开始； 酸奶风味面包：酸奶活力因子，在柔软的心里； 缤纷蔬菜面包：给早餐多一点营养，给生活多一点色彩
直播间活动	"3.8 特惠"	今天在直播间内购买甜蜜糕点满 300 元减 200 元，下单就能获取抽奖资格，幸运用户可获得扫地机器人一台
直播时的注意事项		在直播进行时，直播间界面显示"关注店铺"卡片； 引导用户分享直播间、点赞等；引导用户加入粉丝群

2.掌握食品直播的讲解技巧

（1）安全第一：食品类商品要达到营养标准和安全标准，不能对人体健康造成任何危害。

（2）口味差异：不同地区都有其特色美食，人们的口味需求也存在差异，所以主播在介绍时要充分考虑这些差异，并予以尊重。

（3）营养价值：人们更喜欢营养价值高的食品，所以主播在介绍食品类的商品时，可以强调商品在某一方面的营养价值，以及食用后对人体的好处。

3.使用录像工具录制录播实况

利用手机录像软件，录制一场时长15分钟的开场单品演示。要求做到：取景画框平整，画面构图准确、稳定、曝光适度，录制声音清晰。

项目评价

学生自评表一

序号	技能点	达标要求	学生自评	
			达标	未达标
1	使用录像工具录制一场15分钟的单品演示	1.能背诵出自己撰写的主播脚本； 2.能完成录播； 3.能利用录像工具录制全过程		
2	进行主播口才训练展示	1.熟悉主播常用话术； 2.话术撰写符合产品特点； 3.口播展示流畅，体态自然		

学生自评表二

序号	素质点	达标要求	学生自评	
			达标	未达标
1	良好的交流沟通能力	能与小组成员正常交流、沟通，能与小组成员协作完成项目		
2	独立设计和执行的能力	能依据产品功能、口碑、品牌价值等方面的内容设计脚本		
3	创新意识和创新精神	能提炼产品独特卖点、产品的使用体验		
4	团队协作精神	能与小组成员相互协作完成任务		

教师评价表一

序号	技能点	达标要求	教师评价	
			达标	未达标
1	使用录像工具录制一场15分钟的单品演示	1. 能背诵出撰写的主播脚本； 2. 能完成录播； 3. 能利用录像工具录制全过程		
2	进行主播口才训练展示	1. 熟悉主播常用话术； 2. 话术撰写符合产品特点； 3. 口播展示流畅，体态自然		

教师评价二

序号	素质点	达标要求	教师评价	
			达标	未达标
1	良好的交流沟通能力	能与小组成员正常交流、沟通，能与小组成员协作完成项目		
2	独立设计和执行的能力	能依据产品功能、口碑、品牌价值等方面的内容设计脚本		
3	创新意识和创新精神	能提炼产品独特卖点、产品的使用体验		
4	团队协作精神	能与小组成员相互协作完成任务		

课后拓展

案例

著名演说家曲啸

我国著名演说家曲啸在20世纪80年代初的几场演讲，可谓是一鸣惊人，令众人叹服。当有人评价他是"天生的好口才"时，他笑着说："哪来的天才呀？不敢当！我小时性格内向，说话还口吃，越急越结巴，有时涨得脸通红也说不出话来。"

曲啸练口才也吃了不少苦，为了开阔心胸，训练心理素质，他常常在早晨迎着寒风跑到沙滩高声背诵高尔基的散文诗《海燕》。他不放过一切"说"的机会，积极参加辩论会、演讲比赛、朗诵会、话剧演出，这些努力终于让他在高中阶段崭露头角。在"奥斯特洛夫斯基诞辰纪念会"上，他拿着一份简单的提纲，一口气竟作了两个小时的精彩演讲。

【想一想】结合案例谈谈如何进行口才训练？

思政园地

法律知识

"好评返现"等行为已在我国相关法律法规中被禁止

2021年8月，市场监管总局起草的《禁止网络不正当竞争行为规定（公开征求意见稿）》

向社会公开征求意见，其中第九条规定：经营者不得采取下列方式，对经营者自身或者其商品的销售状况、交易信息、经营数据、用户评价等作虚假或者引人误解的商业宣传，欺骗、误导消费者或者相关公众：

（一）虚假交易或者组织虚假交易；

（二）虚假排名或者组织虚假排名；

（三）虚构交易额、成交量、预约量等与经营有关的数据信息；

（四）虚构用户评价、收藏量、点赞量、投票量、关注量、订阅量、转发量等流量数据；

（五）采用误导性展示等方式，隐匿差评，或者将好评前置、差评后置，或者不显著区分不同商品或者服务的评价等；

（六）虚构点击量、关注度、阅读量、收听量、观看量、播放量等互动数据；

（七）采用谎称现货、虚构预订、虚假抢购等方式进行虚假营销；

（八）以返现、红包、卡券等方式足以诱导用户作出指定评价、点赞、转发、定向投票等互动行为；

（九）其他虚假或者引人误解的商业宣传行为。

经营者不得帮助其他经营者实施前款虚假或者引人误解的商业宣传行为。

请根据以上法律法规谈谈你对这项规定的看法。

项目 6

直播间互动技巧

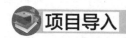

"无聊直播"走红　业内人士称凸显年轻一代的孤独

不可否认，直播已经成为 2016 年最火热的"互联网风口"之一，也因为一些不文明的现象引发了社会争议。不过，与大多数人想象中不同的是，越来越多的年轻人看直播，并不是为了追寻刺激，而是"看无聊"。

5 月 17 日，弹幕视频网站 bilibili 宣布，其与小米手机合作的直播实验"小米 MAX 超耐久无聊待机直播"直播时间超过 7 天，已经吸引了超过 1000 万的用户观看。在 7 天的直播中，主播们除了最常规的唱歌跳舞外，甚至还有发呆、吃饭、画画、打游戏、扎帐篷睡觉等找不到"看点"的画面。5 月 16 日下午，直播实验干脆将"无聊"发挥到了极致，办起了"天下第一发呆大会"——直播发呆。

在 bilibili 直播主页右侧，有一个"七日投喂榜"，上榜的用户是在过去 7 天内，在该直播中打赏金额最高的前几位。令所有人都没想到的是，这个"最无聊的直播"，居然也收到了不少打赏，而出手最大方的一位用户竟然花了 2492.1 元。

对很多"90 后"用户来说，bilibili 一直都是以有趣的视频弹幕和二次元文化著称的。"现在很多人一提到直播，就下意识地与秀场、天价游戏主播联系在一起，实际上用户追捧什么样的内容，不仅与人们本身的审美趣味有关，更重要的是直播平台的文化倾向和氛围。"

bilibili 副总裁陈汉泽表示，这一次的"实验"也是 bilibili 出于对平台自身文化氛围及用户素质的信任所做的实验,"结果也证明,年轻用户借助直播平台创造了大量互动,玩得不亦乐乎,甚至晚上直播空镜头,都有一两万人同时在线发弹幕。"

从女主播直播吃饭月入过万的新闻,到电影《百鸟朝凤》制片人方励直播下跪扭转影片排期直接拉动票房,此次小米与 bilibili 合作的"最无聊直播",都是试图探索针对年轻群体的新营销方式。

来源:蒋肖斌. 直播走红凸显年轻一代孤独 [N]. 人民日报,2016-05-21:02.

教学目标

知识目标
(1)能说出主播控场的方法。
(2)能掌握主播活跃氛围的技巧。
(3)能说出直播间贴片的好处。

能力目标
(1)能撰写一份控场话术。
(2)能使用文档撰写调动直播间氛围的口播。
(3)能运用 Photoshop 软件设计百货直播间的贴片。

素质目标
(1)具备独立设计和执行能力。
(2)具备独立思考和创新能力。
(3)能利用网络资源自学相关知识。
(4)具备团队协作精神。

课前自学

一、直播间控场

新手主播在刚开始直播时很容易紧张,尤其是在有访客进入直播间的时候,经常会出现语言卡壳,对着镜头无话可说、语无伦次、逻辑混乱的情况,导致直播间冷场、观众离开。而有的新手主播在开场时虽然情绪饱满,但是没有做好足够的准备,不知道如何活跃直播间氛围,导致直播过程因为冷场而慌张无措,说一些无意义的内容,不知道如何留住进入直播间的观众,导致观众离开。新手主播如果不能解决直播间冷场的问题,直播就很难进行下去,也没有办法得到观众的认可,更不要说可以成功地带"货"。

由此可见,掌握一定的直播间控场技巧是非常重要的。直播控场工作主要包括把握直播节奏、营造直播氛围和处理直播危机。

(一)把握直播节奏

一场完整的直播应提前对直播的内容进行规划和安排,把握直播节奏,保证直播有条不紊地进行下去。这需要实现场景、人员、道具等多方面的有效配合。一般来说，直播团队可以从以下几个方面有效把握直播节奏。

1. 牢记直播脚本

一个完整的直播脚本中包含了直播的时间分配和每段时间的任务制定，如开播前10分钟是与观众互动的环节、10~60分钟是商品展示的环节、60~80分钟是抽奖送福利的环节等。直播团队想要把握好直播的节奏，就应当掌握直播流程，牢记直播脚本中的时间节点和关键任务，并严格按照直播脚本开展直播。

2. 适时控制话题走向，维护直播秩序

为了活跃直播间的氛围，主播有时候会抛出话题让用户参与互动。但是，互动时常会出现话题偏离直播内容的情况，此时就需要主播及时转移话题；此外，在进行互动时还会出现一些冲突或者不文明语言，为了避免对直播秩序的影响，直播团队也需要及时制止。

（二）营造直播氛围

1. 直播间话术

话术即为说话的技术，在直播中，主播的话术设计直接影响着直播间带货的效果，也是调节直播氛围、吸引用户停留的关键。在设计直播间话术时需要把握好以下几个方面。

（1）符合相应政策：随着直播电商越来越规范化，一系列规范直播参与者行为的政策、法规相继出台，在设计直播话术时也要符合相应的政策。在介绍商品时不能使用违规词，不能夸大其词，要避开争议性词语或敏感性话题，规范用词。

（2）符合主播人设：主播的人设不同，在直播间的说话风格和话术设计也应有所差别。例如，"教授""专家"的人设，需要"干练""理性"的风格，风格要强调观点，简洁明了，不能拖泥带水。

（3）专业性：首先，主播对商品的认知要全面和深刻，越全面深刻，在进行商品介绍时就越游刃有余，越能彰显自己的专业性，越能让观众产生信任感。其次，主播的语言表达方式要足够成熟。成熟的语言表达方式能让自己的语言更具说服力。一个专业的主播要会优化语言表达的方式，让观众听得更明白舒服，提高观众好感度的同时，形成个人的表达风格。

（4）搭配合适的情绪：在直播过程中，主播应该抱着与观众交朋友的真诚态度和语言来介绍商品。真诚的态度和语言容易激发观众产生共鸣，提高主播与观众之间的亲密度，让观众愿意配合主播做一些互动。

（5）口语化，注意语速，表达适度：主播在介绍商品时，语言尽量要口语化，同时还要搭配丰富的肢体语言、面部表情等，让观众有代入感。介绍时语速要适中，要在抑扬顿挫的同时保证观众能听清楚说话的内容。在介绍偏专业性内容的时候应适当放缓语速。直播话术要点如表6-1所示。

表 6-1　直播话术要点

阶段	目　　的	要　　点
开场	营造良好第一印象	热情、互动感强、有吸引力
舒缓	放松直播间氛围，舒缓情绪	讲笑话、唱歌、聊天等
提神	活跃直播间气氛，引流量，促转化	送上抽奖福利、惊喜价、"宠粉"秒杀等
释放	提高用户满意度，积累直播间用户	感谢用语、介绍下次直播

2. 直播间互动

直播期间，主播不能一直自顾自地介绍商品，还需要根据实际情况，引导观众，与观众进行沟通，调动观众的参与度，进而让观众产生购买行为。

（1）开场互动：直播的开场非常重要。这是用户对主播及其直播的第一印象，如果第一印象不好，观众会立刻离开直播间，甚至很有可能以后都不会再来。所以，在直播一开始主播就需要一些互动，比如：欢迎暖场、用"回复口令"的方式进行互动、引导关注、签到有礼、"剧透"直播间商品进行直播间预热等。当直播间的评论区呈现"刷屏"之势时，直播间的气氛就很容易被调动起来，为之后的直播蓄能。

（2）发红包：集聚直播间人气，带动观众积极互动最常用的方法：发红包。主播提前告诉观众，5分钟以后准时发红包，并让观众邀请好友进入直播间抢红包，进入粉丝群抢红包。主播可以在发红包之前进行倒计时，营造氛围，让观众产生紧张感和兴奋感。

（3）抽奖福利：直播间抽奖是主播常用的互动玩法之一。主播通过抽奖活动可以增加观众的平均停留时间，主播送出的奖品最好是直播间里推荐过的商品、爆品或新品；需要注意的是，不能把奖品一次性送完，而是要把奖品分散在正常直播的各个环节中，穿插在商品介绍之间，让主播可以通过点赞数或弹幕数掌握直播节奏。抽奖环节的具体设置形式一般有4种：签到抽奖、点赞抽奖、问答抽奖和"秒杀"抽奖。

（三）处理直播危机

直播具有实时性，其内容无法通过后期剪辑进行修改，所以，在直播中的任何一点失误都有可能造成直播危机。直播危机不仅会影响直播效果，还会进一步影响品牌的声誉和形象。直播团队在遇到直播危机时，选择正确的处理方法，可以降低负面影响，还有可能转危为安。在遇到直播危机的时候，直播团队需要正确认识直播危机、做好情绪管理，并积极主动处理问题。

1. 正确认识直播危机

直播时被骂、产品"翻车"、销量造假等危机层出不穷，这些危机事件往往会影响直播间的产品销量以及主播的个人形象。主播团队需要正确地认识到直播危机的类型，是由于组织行为不当引起的，还是由于突发事件引起的，等等，以此做出及时的应对和处理。

2. 做好情绪管理

对于直播而言，商品和主播自身的能力都是维系观众信任的纽带。当遇到直播危机时，主播的稳定情绪可以在一定程度上缓解该事件的影响。反之，如果主播无法调节好情绪，很可能会引发更大的直播危机。

3. 积极主动处理问题

当直播危机事件发生后，直播团队需要积极主动地解决问题。例如，遇到了产品展示"翻车"的事件后，首先需要实事求是，弄清楚"翻车"的原因，然后给观众一个正面清晰的回应，最后要真诚道歉，表明自己正确的价值观和立场。这样才能最大限度地降低该直播危机所带来的负面影响。

二、直播间贴片

直播中的宣传物料范围比较广，不仅包括企业的海报、台标、胸卡，还包括直播间的贴片、气球装饰等一系列能够出现在直播镜头里的物品（图6-1）。

图6-1　宣传物料

观看直播带货时，经常可以看到直播间有很多贴片提示，这些直播间贴片可以成为直播间的软装饰，主播可以通过在直播间设置贴片来公布直播间的重要信息，减少反复宣传以避免时间损耗，既增加了讲解商品的时间，也有利于提高直播转化率。

线下门店有一句行话叫"黄金3秒"，即消费者经过门店或货架时，通常只保留3秒的注意力。因此必须在3秒内，通过"视觉展示"和营销来吸引消费者的注意。同样，观众在进入在直播间的那一刻，人（观众）与人（主播）的连接还未形成，这时可以使用包含直播看点、直播间利益点、直播间特色卖点的贴片来吸引观众注意，进而使其停留。图6-2所示为直播间有贴片和无贴片的对比图。

| 使用前 | 使用后 |

图 6-2　直播间贴片使用前后对比（图片素材来源于网络）

（一）直播贴片的好处

（1）展示关键信息。贴片可以很好地将利益点、关键信息展示出来，当主播没有及时回复观众的问题时，观众也能快速获取关键信息。

（2）提升观众停留和互动。观众可通过贴片了解本场直播的主题、促销或折扣等信息，进而可能会主动留在直播间等待商品的介绍或者主动询问主播和客服相关信息。

（3）烘托直播气氛。贴片可以设计一些和主题相关的内容烘托直播间的氛围。

（4）引导观众关注。

（二）直播贴片的内容

（1）关键信息。观众可能会问的信息，如主播的基本信息、商品的基本信息、促销活动的基本信息和参与方式等。

（2）直播的主题和具体流程。如本次直播的主题是××活动，直播会先介绍××，之后分析××，最后推荐××。

（3）福利活动介绍。包括直播间即将开展的福利活动的门槛或者倒计时，如点赞到1万发红包，10分钟后红包等。

（4）注意事项告知。告诉观众不要询问哪些问题，如主播不便回答情感问题；告知观众哪些人不可以下单，如未成年不可以下单。

虽然每个人对美的标准不太一样，但是人天生会被美的事物所吸引。好看的直播间也会给观众留下好的印象，进而促进回流。因此可以采用一些设计精美的贴片装饰直播间，增加直播间的审美趣味，增强直播间的可观赏性，让直播间更加丰富灵动。图 6-3 所示为直接间贴片的使用情境。

图 6-3　直播间贴片使用情境（图片素材来源于网络）

课前自测

一、选择题

1.（多选题）抽奖环节的具体设置包括（　　）形式。
   A. 签到抽奖　　　　　　B. 点赞抽奖
   C. 问答抽奖　　　　　　D. "秒杀" 抽奖

2.（单选题）"在活动区输入'小明主播666'就可以领取直播间专用优惠券红包一个"，这个红包属于（　　）
   A. 抽奖红包　　　　　　B. 口令红包
   C. 现金红包　　　　　　D. 顺位点赞红包

二、判断题

1. 直播间进行活动时，主播可以随意进行商品的展示，不用提前安排顺序。（　　）
2. 直播团队的每名成员都要有明确的分工及职能上的相互配合，才能做好一场直播。
（　　）

三、简答题

直播间设置直播贴片有什么好处？

一、撰写百货直播间控场脚本

【任务描述】

李小萌是电子商务专业大二的学生,她通过自己所学的课程知识尝试进行直播,却发现直播并不像自己想象得那样简单。她发现自己在直播时很紧张,整个直播过程中逻辑混乱、卡顿忘词、没有互动,效果也不理想,整个过程非常不顺利。对于出现的问题,李小萌决定要有针对性地去一一解决,以能够帮助自己下场直播顺利完成。

因此,本任务将以小萌的几个问题作为出发点,根据直播间的实际情况来一一解决。第一,完成一份百货直播间控场脚本,策划好直播活动脚本。第二,完成一份控场脚本,充分调动直播间的氛围。第三,重新"软装"直播间。

接下来我们先完成第一个任务。

【任务目标】

(1)能知道控场脚本的重要性。

(2)能列举出单场直播活动脚本应该包括的要点。

(3)能根据"百货直播间"这一任务情景完成一份单场直播控场脚本。

【任务需求】

PC、文档撰写软件、文件模板等。

【任务实施】

(1)确认"百货直播间"活动脚本的几个要点,根据要点进行分类填写,要求准确、客观、全面。表6-2所示为直播脚本要点的案例。

表 6-2 直播活动脚本要点

直播主题	带你一起璀璨人生
直播目标	"吸粉"目标:吸引5万观众观看; 销售目标:从直播开始至直播结束,直播中推荐的三款新品销量突破20万件
主播、副播	主播:××× 副播:××× 客服:×××
直播时间	20××年6月18日,20:00—22:00
注意事项	①合理把控商品讲解节奏;②适当延长对商品功能的讲解时间;③注意即时回复观众提问,多与观众进行互动,避免直播冷场

（2）完成"百货直播间"活动的流程规划，活动的时间安排（表6-3）。

表6-3 直播活动流程脚本

时间安排	直播内容
20:00—20:10	热场互动
20:10—20:30	介绍本场直播第一款商品
20:30—20:50	介绍本场直播第二款商品
20:50—21:00	与用户互动环节
21:00—21:20	介绍本场直播第三款商品
21:20—21:50	再次将本场直播中所有商品介绍一遍
21:50—22:00	预告下一场直播

（3）接下来小组成员集合，针对各自完成的"百货直播间"活动脚本进行"互评"，共同商讨后确认一份完整的、可以执行的"百货直播间"活动脚本（表6-4）。

表6-4 直播活动脚本

直播活动概述	
直播主题	
直播目标	
主播、副播	
直播时间	
注意事项	
直播活动流程	
时间安排	直播内容

二、撰写百货直播间氛围脚本

【任务描述】

第一个任务已经完成，接下来我们来完成第二个任务，完成一份控场脚本，充分调动直播间的氛围。

【任务目标】

（1）能列举出直播间氛围营造的方法。

项目 6 直播间互动技巧

(2)能区分直播间不同互动活动的使用方法。

(3)能根据"百货直播间"这一任务情景完成一段实战演说模拟。

【任务需求】

PC、文档撰写软件、文件模板等。

【任务实施】

(1)根据学习的知识点,在表 6-5 中填写"百货直播间"活动氛围营造的方法。

表 6-5 直播间氛围营造的方法

直播间营造氛围方法	
营销话术	1. 话术用词要符合规范符合主播的人设 2. 3. 4.
直播间互动	1. 开场互动 2. 3. 4.

(2)根据已经完成的"百货直播间"活动脚本,以表 6-6 为例,继续将"百货直播间"的氛围脚本完成。

表 6-6 直播间氛围脚本

直播活动概述				
直播主题	带你一起迎接璀璨人生			
直播目标	"吸粉"目标:吸引 5 万观众观看;销售目标:从直播开始至直播结束,直播中推荐的三款新品销量突破 20 万件			
主播、副播	主播:××× 副播:××× 客服:×××			
直播时间	20×× 年 6 月 18 日,20:00—23:00			
注意事项	①合理把控商品讲解节奏;②适当延长对商品功能的讲解时间;③注意对观众提问的回复,多与观众进行互动,避免直播冷场			
直播活动流程				
时间段	流程安排	人员分工		
		主播	副播	后台/客服
20:00—20:10	开场预热	自我介绍,暖场互动,介绍开场截屏抽奖规则,引导观众关注直播间	演示参与截屏抽奖的方法,回复观众的问题	向粉丝群推送开播通知,收集中奖信息
20:10—20:20	活动剧透	剧透今日新款商品、主推款商品,以及直播间优惠力度	补充主播遗漏的内容	向粉丝群推送本场直播活动
20:20—20:40	讲解商品	说明首饰的注意事项,讲解、试用第一款商品	配合主播演示商品的使用方法和使用效果,引导观众下单	在直播间添加商品链接,回复观众关于订单的问题

续表

时间段	流程安排	人员分工		
		主播	副播	后台/客服
20:40—20:50	互动	为观众答疑解惑，与观众进行互动	引导观众参与互动	收集互动信息
20:50—21:10	讲解商品	分享首饰的搭配技巧，讲解、试用第二款商品	配合主播演示商品的使用方法和使用效果，引导观众下单	在直播间添加商品链接，回复观众关于订单的问题
21:10—21:15	福利赠送	向观众介绍抽奖规则，引导观众参与抽奖、下单	演示参与抽奖的方法	收集抽奖信息
21:15—21:35	讲解商品	讲解、试用第三款商品	配合主播演示商品的使用方法和使用效果，引导用户下单	在直播间添加商品链接，回复观众关于订单的问题
21:35—22:50	商品返场	对三款商品进行返场讲解	配合主播讲解商品；回复观众的问题	回复观众关于订单的问题
22:50—23:00	直播预告	预告下一场直播的时间、福利、直播商品等	引导观众关注直播间	回复观众关于订单的问题

（3）根据已经撰写完成的"百货直播间"活动脚本，小组成员分别担任不同岗位进行直播实战演说模拟，通过模拟练习找到脚本中存在的问题，或者预测有可能出现的问题，小组进行意见汇总后，讨论并确认最后版本的"百货直播间"活动脚本。

三、设计百货直播间贴片

【任务描述】

前两个任务都已经完成，最后一个任务就是对直播间进行"软装"了，其核心就是设计直播间贴片。

【任务目标】

（1）能区分直播间背景活动板和日常板。

（2）能分类说明直播间贴片上展示的信息内容。

（3）能使用 Photoshop 软件完成"百货直播间"直播间贴片图。

【任务需求】

PC、Photoshop 软件、文件模板等。

【任务实施】

（1）首先根据"百货直播间"活动确定文案主题，例如"6·18大促"。

（2）确定尺寸和分辨率，例如，"1200像素×800像素，72dpi"。

（3）可参考网上比较流行的设计素材作为设计方向，进行初步的构想（图6-4）。

图 6-4　参考素材（图片素材来源于网络）

（4）确认直播间背景活动板和日常板布置（图 6-5 和 6-6）。

图 6-5　直播间贴片信息板（图片素材来源于网络）

图 6-6　直播间贴片装饰板（图片素材来源于网络）

（5）使用 Photoshop 软件（图 6-7），完成直播间贴片的设计和制作。

图 6-7　Photoshop 软件（图片素材来源于网络）

（6）贴片制作完成后，将其存储为 .jpg 或 .png 格式保存，并上传至直播间后台。

项目评价

学生自评表一

序号	技 能 点	达 标 要 求	学生自评 达标	未达标
1	能够撰写一份控场脚本	1. 能了解控场脚本的重要性； 2. 能列举出直播脚本的几个要点； 3. 能撰写一份直播间控场脚本		
2	能够使用文档撰写调动直播间氛围的脚本	1. 能了解直播间氛围制造的重要性； 2. 能列举出调动直播间氛围几个方法； 3. 能撰写一份调动直播间氛围的脚本		
3	能够运用 Photoshop 软件设计百货直播间的贴片	1. 能掌握直播间贴片概述； 2. 能区分直播间贴片信息板和装饰板； 3. 能使用 Photoshop 软件完成一个直播间贴片的设计与制作		
4	能够通过模拟直播实战找到脚本中的问题和预测直播可能出现的问题	1. 会修改活动设计脚本； 2. 能预测在实战中可能出现的问题		

学生自评表二

序号	素 质 点	达 标 要 求	学生自评 达标	未达标
1	独立设计和执行的能力	能独立完成脚本和贴片的设计并执行		
2	独立思考和创新能力	遇到问题能够做到独立思考与分析，并能找到问题的解决办法		
3	能够利用网络资源自学相关知识	执行任务前能够使用网络资源，寻找合适的参考素材，帮助完成任务，并学习相关的知识		
4	团队协作精神	能与小组成员相互协作完成任务		

教师评价表一

序号	技能点	达标要求	教师评价 达标	教师评价 未达标
1	能够撰写一份控场脚本	1. 能了解控场脚本的重要性； 2. 能列举出直播脚本的几个要点； 3. 能撰写一份直播间控场脚本		
2	能够使用文档撰写调动直播间氛围的脚本	1. 能了解直播间氛围制造的重要性； 2. 能列举出调动直播间氛围几个方法； 3. 能撰写一份调动直播间氛围的脚本		
3	能够运用Photoshop软件设计百货直播间的贴片	1. 能掌握直播间贴片概述； 2. 能区分直播间贴片信息板和装饰板； 3. 能使用Photoshop软件完成一个直播间贴片的设计与制作		
4	能够通过模拟直播实战找到脚本中的问题和预测直播可能出现的问题	1. 会修改活动设计脚本； 2. 能预测在实战中可能出现的问题		

教师评价表二

序号	素质点	达标要求	教师评价 达标	教师评价 未达标
1	独立设计和执行的能力	能独立完成脚本和贴片的设计并执行		
2	独立思考和创新能力	遇到问题能够做到独立思考与分析，并能找到问题的解决办法		
3	能够利用网络资源自学相关知识	执行任务前能够使用网络资源，寻找合适的参考素材，帮助完成任务，并学习相关的知识		
4	团队协作精神	能与小组成员相互协作完成任务		

课后拓展

案例

如何带动直播间氛围

某母婴主播以直播带货的形式，为各位宝妈分享她认为好用的产品。她凭借着不同产品之间的特点及功效，向粉丝分享母婴生活、家居、日用、美食等多个领域的产品，还时不时跟网友粉丝进行互动，引起一波波下单热潮。在她推荐的诸多产品中，以鹿客智能锁、空刻意大利面、美乐玩具、年糕妈妈拼搭盒子、宅巾、安途美宝宝餐椅等多个产品在直播间的热度最高，本场直播在线观看达10多万人次。

该主播究竟是如何带动直播间整体氛围的呢？

不同于其他的直播间，该主播在介绍鹿客智能锁这个产品时，不仅会详细地介绍产品的特点、使用方法以及技巧，还会分享自己在家使用产品时的体验和感受，为粉丝营造沉浸式的用户体验，提升粉丝的购买欲望，使本场直播客单价最高的鹿客智能锁销量大增。该主播通过对产品熟悉程度以及全方位的讲解，展现了她的专业度，赢得了观众的信任和品牌客户的高度认可。

该主播在直播过程中不仅会时刻关注新观众进入直播间，注重观众的体验感，而且为了提升直播间的场景氛围，让观众更有归属感，她还会通过与观众互动、关键词抽奖、1元限时秒杀等多种形式保持直播间热度，提升观众参与感以及粉丝黏性，增加观众留存。

【想一想】案例描述的这场直播中，有哪些有效的控场和互动行为，这些行为对本场直播带货有什么作用呢？

思政园地

思政案例

直播中的主要禁忌

直播的实时性决定了直播效果的不可逆性，因此，主播对直播中的相关禁忌要高度重视，做到入心入脑。

1. 禁止出现直播时间不固定、随意下播的情况

直播时间固定是主播的态度问题，展现给观众的是长期、真诚运营直播间的态度，这将决定粉丝对直播的支持率。选择直播时间时要注意：直播频率以天为单位，新手主播直播时长一般为6小时以上，宜长不宜短，以培养粉丝的观看习惯，避免粉丝流失。各个平台的情况不同，直播时长的要求也有一定差异，如淘宝直播平台的直播时长一般为8～10小时。

2. 禁止出现直播时只与某个或某几个观众交流的情况

主播不能总盯着某几个眼熟的观众账号，仅与他们沟通交流，对所有观众都要一视同仁，一起交流和互动。一方面，每个观众都具有一定的消费能力，能来直播间互动的人大多是主播的忠实跟随者，观众互动的适度性、公正性是直播间气氛稳定的保障；另一方面，在直播的过程中通过积极地与观众互动，同时尽量照顾观众的情绪，回答观众的疑问，可以提高从"路人"到"粉丝"的转化率。

3. 禁止在直播间随意谩骂、侮辱路人观众或粉丝

主播需要时刻注意自身形象，不要在直播间谩骂、侮辱观众，避免激化矛盾，使事态升级，进而影响直播的正常进行和直播质量。主播在直播中遇到无理取闹的观众，要学会忍耐，以温和善良的心态积极解决矛盾冲突，展现自身良好的素质。

请针对上述案例思考以下问题。

1. 你认为直播有哪些禁忌？
2. 主播的控场能力和带动氛围的能力在直播间能起到哪些积极作用？

项目 7

直播实战

📖 项目导入

2020年5月9日，演员刘涛在微博平台宣布，正式入职阿里巴巴，成为聚划算官方"优选官"，化名为"刘一刀"。2020年5月14日，刘涛进行了直播首秀，4小时就达成了1.48亿元的销售额，累计观看人次突破2100万，创下全网明星直播新纪录。2020年5月19日和5月30日，刘涛再次开启直播，每场直播的观看人数均超1000万，销售额均突破1亿元。2020年6月6日的聚划算"66盛典"，刘涛创下了单场2.2亿元的交易新纪录，并创下4场直播成交额场均突破1亿元的纪录。

刘涛的直播交出了一份优秀的答卷，不少媒体和观众对刘涛的直播给出了极高的评价。那么，刘涛的直播数据为什么会这么好呢？她有哪些特质是值得学习的，又有哪些做法是值得借鉴的呢？

总的来说，刘涛的直播有以下两个特点。

1. 货：刘涛制胜的关键

刘涛的直播每场都能取得销售额突破1亿元的成绩，除了刘涛自身的名气与努力，很大一部分功劳要归功于阿里的聚划算平台，从选品品类到促销价格再到售后服务，聚划算平台为刘涛的直播进行了全链式的保驾护航。

2. 场：刘涛的新玩法

一般的直播，大多以竖屏小空间形式呈现，主播坐在镜头前讲解商品。但是，刘涛的直播间最大的创新点在于采用了沉浸式、场景化的直播变现模式，直播团队"半复刻"了刘涛的家，整个直播过程都围绕着刘涛的厨房、客厅、卧室等场景展开，结合不同的生活场景充分展现了商品的使用价值。

本项目将运用前边课程所学的直播知识来完成一场 45 分钟的直播实战。

来源：https://news.china.com/socialgd/10000169/20200513/38213604_all.html.

教学目标

知识目标

（1）能说出直播的基本步骤。

（2）能列出直播选品的原则。

（3）能列举直播间的互动技巧。

（4）能说出直播间的各项设置。

（5）能设计直播间的视觉方案。

能力目标

（1）能撰写一份直播活动的方案。

（2）能根据直播制作一个引流短视频。

（3）能进行直播间的各项设置。

（4）能完成一场 45 分钟完整直播流程。

素质目标

（1）具备独立设计和执行的能力。

（2）能利用网络资源自学相关知识。

（3）具备较强的沟通能力和团队协作能力。

（4）具备较强的应变能力。

课前自学

直播带货并不是一件简单的事情，它涉及了很多方面：直播运营团队的组件、直播间的搭建、直播流程规划、直播间带货的选品、直播间控场策略等。无论是商家还是个人要想做好一场直播，必须有要掌握策划与开通直播的技能。

开直播前需要处理的基本元素："人""货""场"。

人：直播活动中的人包括用户和主播团队。用户是直播的基础元素，决定着一场直播的结果。而能否吸引用户在直播间互动产生购买行为，就要看直播主播团队这个主要关键因素。直播不是一个主播的单打独斗，而是一个团队的协作。

货：这里的货是指直播间销售的商品。对于一场直播来说，选品是至关重要的环节，除了价格低、使用频率高、有刚需、展示性强、标准化程度高以外，选择的商品还需要满足以下几个方面的要求:符合直播间定位、主播亲测好用、商品做组合、售后要有保障。

场:这里的场主要是指消费场景。在一场直播中,主播要通过实时互动,搭建消费场景,引发观众的消费欲望,促使观众产生消费行为。

一、直播的基本步骤

在电商实战直播中,直播的整个过程包括直播前的准备、直播中的执行和直播后的营销。要想保障直播过程顺利进行,需要对这三个阶段的流程进行规划和设计。

首先,在直播前的准备阶段需要确定直播主题、选定直播平台、制订直播计划、确定直播内容的安排和演绎,并配备相关的设备和工作人员等。整个过程需要进行精细化的安排和准备,避免出现意外情况,保证直播过程能够顺畅进行。

其次,在直播中的执行阶段需要注意直播的各个环节,如产品展示、主播表达、互动行为等等。直播运营团队需要监控直播现场的整个过程,协调整个环境和团队的配合,及时解决问题,确保直播的有效性和用户体验。

最后,在直播后的营销阶段,需要对直播内容进行整理和剪辑,将优质的内容切分成小视频,并在各大社交媒体和自媒体平台进行营销推广,以提高品牌知名度和产品的曝光度。同时,直播后需要记录用户反馈和数据分析,为下一次直播的优化提供依据。

在进行直播前,规划和设计整个直播流程,是电商直播成功和有效的关键,能确保直播的顺利执行和最大化的效果。

1. 明确直播目标

在直播之前,商家必须要明确直播目标,确认直播是为了做品牌宣传,还是进行活动造势,还是为了商品销售。在明确直播目标时商家需要遵守 SMART 原则(图 7-1),尽量让目标科学化、明确化、规范化、可追溯。

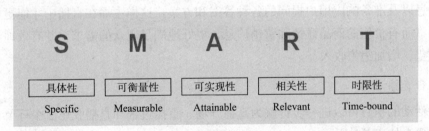

图 7-1 SMART 原则

2. 做好直播宣传规划

在直播活动开始之前,直播运营团队需要对直播活动进行宣传,直播运营团队在设计直播宣传规划时需要认真制定,因为良好的宣传规划能够提高直播活动的知名度和参与度,也可以增加直播活动的评论和转发等互动行为,从而达到良好的宣传效果。直播运营团队在设计直播宣传规划时。

3. 筹备直播

直播运营团队需要为直播的顺利进行做好各项筹备工作，包括选择直播场地、筹备并调试直播设备、准备直播物料，以及主播自身准备等。

（1）选择直播场地。直播的场地分为室外场地和室内场地。要根据直播活动的需要选择合适的直播场地，选定场地后要对场地进行适当的布置，为直播活动创造良好的直播环境。

（2）筹备并调试直播设备。在直播筹备阶段，直播运营团队要将直播使用的手机、摄像头、灯光、网络等直播设备调试好，防止设备发生故障，影响直播活动的顺利进行。

（3）准备直播物料。直播之前，直播运营团队应该根据实际需要准备直播物料以提高直播的客观质量和主播的呈现效果。直播物料包括商品样品、直播中需要用到的素材、辅助工具等（表 7-1）。

表 7-1　直播物料

直播物料	说　　明
商品样品	在直播开始前，准备好上播商品的样品，以便在直播过程中主播能够快速地找到并进行展示。直播运营团队要对商品样品进行仔细检查，包括样品的外观、型号和款式等
直播中需要用到的素材	直播封面图、直播标题、直播间贴片、直播脚本等
辅助工具	辅助工具包括线下商品照片、做趣味实验要用到的工具、道具板、手机、平板电脑、电子大屏、计算器等。在直播过程中，主播可以在道具板上用文字、图片的形式展示主播的身高、体重、商品的尺码、福利信息等；主播可以使用手机、平板电脑等向用户展示商品卖点、优惠券领取方式等，还可以使用计算器计算商品的组合价、折扣等，以突出商品的价格优势，刺激用户下单

（4）主播自身准备

在开始直播之前，主播需要进行充分的准备工作，包括熟悉直播流程、熟悉上播商品的详细信息以及准备响应用户提问的各种答案和方案。这样主播在直播中才能更好地为观众提供丰富而有价值的商品详情和营销信息，更好地满足观众的需求，并有效地激发观众的购买欲望，增加销售收入。

4. 执行直播活动

直播活动的执行可以进一步拆解为直播开场、直播过程和直播收尾 3 个环节，各个环节的操作要点如表 7-2 所示。

表 7-2　直播活动执行环节的操作要点

执行环节	操作要点
直播开场	通过开场互动让用户了解本场直播的主题、内容等，使用户对本场直播产生兴趣，并停留在直播间
直播过程	借助营销话术，用发红包、发优惠券、才艺表演等方式，进一步加深用户对本场直播的兴趣，让用户长时间停留在直播间，并产生购买行为

续表

执行环节	操作要点
直播收尾	向用户表示感谢，预告下场直播的内容，并引导用户关注直播间，将普通用户转化为忠实粉丝；引导用户在其他媒体平台上分享本场直播或本场直播中推荐的商品

二、直播间选品与定价

直播间的选品与定价在前面任务中已经提到，本任务将进行更为细化的讲解。直播带货是指通过直播的形式销售商品和服务，具有直观、形象、互动性强等特点，可以提高消费者的购买体验。然而，成功的直播带货并不只是卖的东西好、价格优惠这么简单，而是需要精细化的选品和定价，这两者对于直播带货的成功至关重要。

在直播选品方面，需要考虑品牌定位、目标人群购买力、消费者需求等因素，选择符合整体定位的产品。此外还要考虑到直播的形式和实际使用场景，选择适合直播的商品，例如颜值高、新颖有趣的产品，或是易于展示使用效果的物品等。在选品中也要考虑商品的供应链和质量问题，保证商品品质和采购成本。

在直播定价方面，要结合选品、消费者预期和供应链等因素综合考虑，根据市场行情、渠道定位以及消费者购买意愿等因素确定定价策略，避免售价过高、货源过少等问题。此外，由于直播带货形式多变，需要考虑到消费者的心理预期和购买成本问题，适当的促销策略和优惠活动能够有效吸引消费者。

综上所述，选品和定价是直播带货的关键环节，需要综合考虑市场行情、商品特点、消费者需求等因素，不断优化，从而提高消费者体验和购买意愿。

1. 直播选品原则

直播带货选品要遵循图 7-2 所示的基本原则。

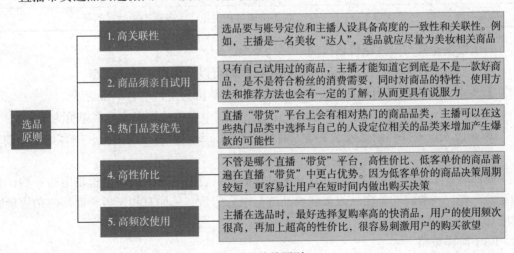

图 7-2 选品原则

2. 直播商品结构规划

直播商品的结构直接影响着直播带货的商品购买转化率。按照直播间商品功能的不同，直播间展示的商品可以分为印象款、引流款、利润款、品质款种类型（图7-3），在整个营销的过程中，这几种商品发挥着不同的作用。

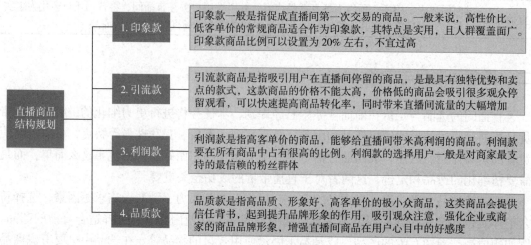

图7-3　商品结构规划

3. 直播商品定价策略

直播商品定价是一项重要又复杂的工作（表7-3）。价格太高，货有可能卖不出去，价格太低，货又会脱销，没有盈利的机会。在定价时具体可采用如下策略。

表7-3　客单价档次分类

价格档次	价格范围	用户购买特征
高客单价	100元以上	十分看重质量和品牌，下单十分谨慎
中客单价	50~100元	有所顾虑，充分考虑购买的必要性和商品的实用性
低客单价	50元以下	购买决策过程很短，大多属于冲动式消费

（1）根据主播人设选择价格区间

根据主播人设类型，在直播间的商品价格区间可以分为以下几个类型。

① 专业人设主播在为商品定价时，价格以高客单价为主，中客单价为辅。

② "达人"人设主播在为商品定价时，价格要以中客单价为主，低客单价为辅。

③ 亲民人设主播和励志人设主播为商品定价时，要以低客单价为主，中客单价为辅。

（2）商品组合定价法

商品组合定价法是指为了迎合观众的某种心理，特意将有的商品的价格定高一些，有的定低一些，一般将互补商品或关联商品进行组合定价，从而有利于各种商品的销售量同时增加。

（3）阶梯策略

阶梯策略是一种在商业营销中常用的策略，适用于销售单价较低的商品或成套售卖的产品。其核心思想是将相似的商品分为不同档次，并将每个档次的价格定位在不同的价格区间。此外，在阶梯策略中，还可以通过优惠券、促销活动等方式吸引消费者进行购买，从而提高销售额。

三、直播流程规划

在商业直播中，一场直播的时间通常比较长，往往长达数小时，因此在直播之前制作合理的直播流程规划尤其重要。这样一来，主播可以更好地掌控直播节奏，保证直播的顺利进行，并为观众提供高品质的直播体验。

制作直播流程规划需要充分考虑每个环节的时间安排、活动目的和主题，以及参与人员和道具使用等，确保每个环节顺序合理，衔接自然。同时，直播流程规划还需要考虑到主播在直播过程中需要进行的互动环节和提问环节等，使观众参与度更高。

1. 常见的商品讲解流程

在直播电商中，直播的主要内容就是主播通过向用户讲解一款款商品，将商品销售出去。目前，主播们在讲解商品时经常采用的流程主要有两种，即"过款式"流程和"循环式"流程。

（1）"过款式"流程

"过款式"流程就是指主播在直播中按照一定的顺序一款款地讲解直播间里的商品。由于一场直播持续的时间较长，直播期间会不断地有用户离开直播间，也会不断地有新用户进入直播间。因此，在直播结束前的 20 分钟左右，主播可以将本场直播中的所有商品再快速地过一遍，这样不仅可以让新进入直播间的用户了解本场直播中的各款商品，还可以通过"捡漏"促成一些订单，以提高本场直播的成交额。表 7-4 所示为一场时长为 2 小时的"过款式"流程示例。

表 7-4　一场时长为 2 小时的"过款式"流程示例

时间安排	直播内容
19:00—19:10	热场互动
19:10—19:30	介绍本场直播第一款商品
19:30—19:50	介绍本场直播第二款商品
19:50—20:00	与用户互动环节
20:00—20:20	介绍本场直播第三款商品
20:20—20:40	介绍本场直播第四款商品
20:40—21:00	再次将本场直播中所有商品快速地介绍一遍

（2）"循环式"流程

所谓"循环式"流程，就是指主播在直播中循环介绍直播间里的商品。假如在一场直播中主播要推荐 4 款商品，那么主播可以以 30 ~ 40 分钟为一个周期，将 4 款商品在一场 130 分钟的直播里循环 3 ~ 4 遍。表 7-5 所示为一场时长为 130 分钟的"循环式"流程示例。

表 7-5　一场时长为 130 分钟的"循环式"流程示例

时间安排	直播内容
19:00—19:10	热场互动
19:10—19:40	介绍本场直播中的三款主推款商品
19:40—19:50	介绍本场直播中的一款宠粉款商品
19:50—20:20	介绍本场直播中的三款主推款商品（第一次循环）
20:20—20:30	介绍本场直播中的一款宠粉款商品（第一次循环）
20:30—21:00	介绍本场直播中的三款主推款商品（第二次循环）
21:00—21:10	介绍本场直播中的一款宠粉款商品（第二次循环）

2. 直播脚本的策划

优质的直播脚本能够帮助主播把控直播节奏，保证直播流程的顺利进行，达到直播的预期目标，并将直播效果最大化。

（1）整场直播活动脚本设计

整场直播活动脚本是对整场直播活动的内容与流程的规划与安排，重点是规划直播活动中的玩法和直播节奏。通常来说，整场直播活动脚本应该包括表 7-6 所示的几个要点。

表 7-6　整场直播活动脚本要点

要　点	说　明
直播主题	从观众需求出发，明确直播的主题，避免直播内容没有营养
直播目标	明确开直播要实现何种目标，是积累观众，提升观众进店率，还是宣传新品等
主播介绍	介绍主播、副播的名称、身份等
直播时间	明确直播开始、结束的时间
注意事项	说明直播中需要注意的事项
人员安排	明确直播参与人员的职责。例如，主播负责引导关注、讲解商品、解释活动规则；助理负责互动、回复问题、发放优惠信息等；后台 / 客服负责修改商品价格、与观众沟通转化订单等
直播的流程细节	直播的流程细节要非常具体，详细说明开场预热、商品讲解、优惠信息、用户互动等各个环节的具体内容、如何操作等问题，例如，什么时间讲解第一款商品，具体讲解多长时间，什么时间抽奖等，尽可能把时间都规划好，并按照规划来执行

优秀的整场直播活动脚本，需要考虑到各个环节中涉及的细枝末节，这些细节包括活动目的、主题、流程、参与人员和道具等。为了确保整个直播活动的顺利运作，需要对每个细节给予足够的关注和调配。

在直播中，主播是整个活动的核心，因此需要按照主播的风格和形象编写脚本。同时，为了确保直播过程有条不紊，需要对每个环节安排得当，确保环节之间衔接自然，没有突兀感。

在准备道具方面，也需要细心周到。在策划脚本过程中，需要根据活动的主题和风格列出道具清单，并且确保道具都充分配备，以确保道具的出现能够顺畅地推进整个直播活动。

总之，编写优秀的直播活动脚本需要全面考虑到各个细节，并且进行周密的规划和安排，以确保整个活动的流程有条不紊，并且让观众拥有一个愉快的观看体验。表 7-7 所示为一份整场直播活动脚本示例。

表 7-7 整场直播活动脚本示例

直播主题	冬季护肤小课堂
直播目标	"吸粉"目标：吸引 10 万观众观看；销售目标：从直播开始至直播结束，直播中推荐的三款新品销量突破 10 万件
主播、副播	主播：×××、品牌主理人、时尚博主；副播：×××
直播时间	20×× 年 12 月 8 日，20:00—22:30
注意事项	① 合理把控商品讲解节奏； ② 适当延长对商品功能的讲解时间； ③ 注意对用户提问的回复，多与用户进行互动，避免直播冷场

（2）直播中单品脚本的设计

单品脚本就是针对单个商品的脚本。在一场直播中，主播会向用户推荐多款商品，主播必须对每款商品的特点和优惠措施有清晰的了解，才能更好地将商品的亮点和优惠活动传达给用户，刺激用户的购买欲。

直播运营团队可以将单品脚本设计成表格的形式，将品牌介绍、商品卖点、直播利益点、直播时的注意事项等内容都呈现在表格中。表 7-8 所示为某品牌一款不粘锅的单品脚本。

表 7-8 某品牌一款不粘锅的单品脚本

商品宣传点		具体内容
品牌介绍		×× 品牌历史悠久，旗下商品销往全球 50 多个国家和地区，其 6 个品类的商品市场占有率名列前茅
商品卖点	用途多样	具有煎、焖、炸、煮、炒、烙等多种烹饪功能
	商品具有设计感	1. 锅体内表面麦饭石色撒点工艺，时尚美观，耐磨耐用； 2. 锅面光滑，烹饪食物不粘黏、易冲洗； 3. 锅体为加厚铝合金基材，耐高温，经久耐用； 4. 锅体底厚壁薄，导热均匀； 5. 磁感应加厚复合锅底，燃气灶、电磁炉均可使用； 6. 手柄设计遵循人体工程学原理，手握舒适
直播利益点	"双十一"特惠提前享	今天在直播间内购买此款不粘锅享受"双十一"同价，并且赠送可视玻璃锅盖和不粘锅专用铲，下单备注主播名称即可
直播时的注意事项		1. 在直播进行时，直播间界面显示"关注店铺"卡片； 2. 主播引导用户关注、分享直播间等； 3. 主播引导用户加入粉丝群

四、直播间搭建

直播间需要的配置如表 7-9 所示，与此同时，环境布置是直播营销中一个不容忽视的因素，它直接影响着观众对直播内容的接受程度和消费意愿。一个整洁、干净、具有代入感的直播间，可以让观众在观看直播的过程中产生沉浸感，提高观看体验，刺激观众产生消费的欲望。

在直播间的布置方面，需要考虑到直播间所代表的品牌形象和主题，从而选择相应的装饰风格。在布置直播间的过程中，要避免过多的杂物和烦琐的装饰，保持简洁、清新、大方的设计风格，让观众在观看直播时感到舒适。

由于直播间是一个具有代入感的空间，需要尽可能地丰富直播的内容和形式，让观众在直播过程中感受到一种身临其境的感觉，从而提高观众的参与度和消费意愿。

综上所述，直播间的环境布置是直播营销中一个非常重要的因素，它能够影响到用户的观看体验和消费欲望。一个整洁、干净、具有代入感的直播间，可以为产品的推广和销售提供有力的支持。

表 7-9 直播间设备配置

室内	视频摄像头、话筒、声卡、灯光、手机、计算机、支架、网络
室外	手机、收音设备、上网流量卡、手持稳定器、运动相机、自拍杆、移动电源
室内区域划分	直播区、后台区、商品摆放区、其他区域等
灯光设备	主灯、辅灯、顶灯、商品灯等

封面图是增加直播间流量的重要途径，有些主播不知道这一点，在设计封面图时过于随意，把随性而做的图片上传，但在直播间内等了半天也没有看到多少用户进入，有的主播认为是自己粉丝太少，有的认为是没有做投放推广的原因。其实，直播封面图是直播间流量高低的直接关联因素，一个精心设计的封面图具有强大的吸引力，使用这类封面图的直播间获得的流量比使用默认头像的直播间获得的流量大得多。

直播封面图的设计要注意以下几点。

1. 干净、高清

模糊、失真的封面图会让用户在看到的第一眼就失去兴趣，而干净、整洁的封面图才会让用户有点击观看的欲望，所以主播在设计直播封面图时要让封面图干净、高清、大方，给用户留下一个良好的印象（图 7-4）。

2. 使用合适的背景

直播封面图的背景要干净、整洁，不要摆放杂乱的物品，背景颜色也不要太乱，最好是白色、灰色、深色等单一的颜色（图 7-5）。

3. 封面图要与直播内容有关联

为了精准地吸引目标客户，直播图要与直播内容有密切关联。如果没有联系，用户进入直播间会产生心理落差。

4. 不要使用合成图

为了不影响整体的浏览体验，直播封面图应为一张自然、简洁的图片。如果是合成图，一旦拼接得不好，就会非常影响视觉效果。

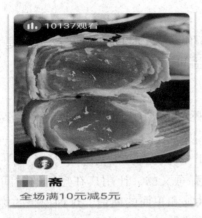

图 7-4　封面图干净、高清（图片素材来源于网络）　　图 7-5　使用合适的背景

5. 主播出镜效果更好

主播是整个直播营销的主角和重要的推广人物，一个好的直播主播不仅需要有一定的影响力和吸引力，还需要有扎实的专业知识和能力，能够对直播内容提供专业的解说和操作。在直播营销中，将主播的照片作为直播封面图可以提高粉丝的信任感和吸引新用户。主播出镜也要体现直播主题，切不可与直播内容无关（图 7-6）。

6. 突出主题

直播封面图是直播活动的重要宣传元素之一，可以说是直播活动的门面。直播封面图能够直接影响用户的第一印象，因此需要突出直播主题，与直播内容有密切联系，让用户在看到直播封面图时就能够清楚地知道直播的内容（图 7-7），从而决定是否进入直播间。

图 7-6　主播出镜　　　　　　　　　图 7-7　突出主题

五、引流短视频

引流短视频的目标有两个，首先是增加直播信息的曝光量，为直播间引流；其次是增加主播的粉丝量。因此，直播团队进行引流短视频的内容策划，可以参考以下几种内容形式。

1. 以预告抽奖福利为主的短视频

直播团队拍摄的一个以预告抽奖福利为主的短视频,时长 15 秒左右,主要是告诉用户,直播间会送什么礼物给用户,呼吁用户光顾直播间抢福利。

2. 符合直播主题的情景短剧类短视频

情景短剧是一种通过表演来传达主题、情感或信息的短视频形式。通常由两人或多人一起表演,足以展现多种情感,包括爱情、友情、家庭、亲情等。为用户提供一个真实的场景,在显微镜下深入描绘感人故事,激发用户心中最深处的情感共鸣。

情景短剧传递的信息必须是有针对性和有意义的,让用户在短暂的时间内感受到深刻的主题和情感,激发他们对视频的强烈共鸣和正面的回馈。这种视频的优点是,它非常易于被观众重复观看,因为它可以引发情感的冲击,从而让人们主动点赞、评论和转发。

3. 以知识传播为主的短视频

干货类和技能分享类短视频是一种非常受欢迎的内容形式,它们通常涵盖丰富的知识内容,包括但不限于 PPT 类短视频、讲解类短视频、动作演示类短视频和动画类短视频等。这类短视频的一个特点是内容的实用性和易上手性,能够帮助观众快速地掌握知识或技能的相关知识。它不仅有助于建立您的"专业"形象,而且能够吸引更多的观众关注和参与。直播团队可以在这类短视频的结尾处加入直播信息。

4. 以直播片段为主的短视频

直播片段式短视频是一种非常有效的引流短视频,其主要目的是通过拍摄即将直播的内容片段,介绍即将直播的商品,让用户提前感受直播场景,吸引用户在指定时间到直播间观看。将直播内容精练梳理好,通过短视频的形式向用户透露即将开展的直播主题和内容,激发用户的好奇心和期待感。

六、直播实战操作

直播实战操作的具体步骤和技巧可能因平台、行业和个人需求的差异而略有不同。因此建议在进行直播前,先熟悉所选平台的操作指南,并根据实际情况进行调整和优化。此外,积极互动提供优质内容和维护良好的用户体验也是提高直播效果的重要因素。在任务 2 中已经讲述了开通直播电商的基础操作,本任务将具体讲述直播常用工具的使用。

1. 设置直播时间和预告(图 7-8,按 A~E 的顺序操作)

- 打开抖音主页面之后,点击底部位置的【加号】图标。
- 切换到作品拍摄页面之后,点击页面下方的【开直播】。
- 跳转到新的页面之后,在页面中点击【更多功能】。
- 在弹出的窗口中选择【直播预告】。
- 对开播时间和预告内容进行设置后,点击【创建预告】。

项目7 直播实战

A　　　　　　　　　　B　　　　　　　　　　C

D　　　　　　　　　　E

图 7-8　设置直播时间和预告

2. 直播间背景设置（图 7-9，按 A～D 的顺序操作）
- 打开抖音主页面之后，点击底部位置的【加号】图标。
- 切换到作品拍摄页面之后，点击页面下方的【开直播】。
- 跳转到新的页面之后，在页面中点击【特效】。
- 在弹出来的窗口里面，把特效的分类【向左侧滑动】，找到【氛围】这个选项并点击。
- 切换至氛围这个窗口后，选择喜欢的【背景图片】并点击使用。

101

- 成功更换直播背景之后,点击页面中的【开始视频直播】即可。

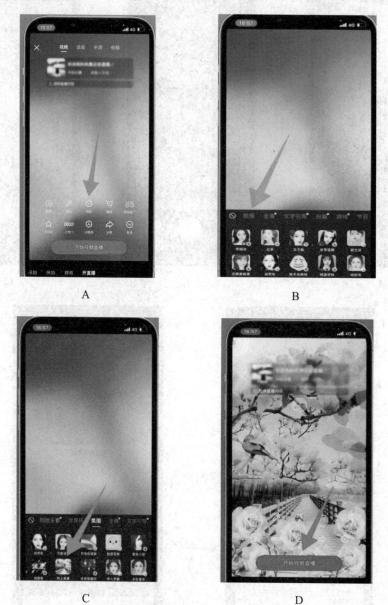

图 7-9 直播间背景设置

课前自测

一、选择题

1. (多选题)在选择直播封面图时,需要注意的问题包括(　　)。
   A. 突出主题
   B. 干净、高清
   C. 封面图要与直播内容相关
   D. 展示固定信息

2. （多选题）为进一步加深用户对本场直播的兴趣，可以借助（ ）等方式。
　　A. 营销话术　　　　　　　　　B. 发红包
　　C. 发优惠券　　　　　　　　　D. 才艺表演
3. （多选题）以下哪几种是常见的短视频引流策略（ ）
　　A. 强化产品的卖点和场景
　　B. 延长短视频的时间
　　C. 分享具备专业度的知识点
　　D. 产出有情感共鸣点的内容

二、判断题

1. 直播带"货"选品时，根据价低的原则即可，不用试用看商品的效果。　（　　）
2. 只要是短视频就可以为直播引流，不用在意短视频的内容。　　　　　（　　）

三、简答题

1. 总结直播的基本步骤？
2. 如何进行直播间背景设置？
3. 讲解商品时经常采用的"过款式"流程和"循环式"流程有什么不同？

课中实训

一、选择 5 个产品并确定定价

【任务描述】
李小萌小组接到一场直播的任务：完成一场时长 45 分钟，为 5 个选品做介绍的完整营销流程直播。作为电子商务专业大二的学生，对于直播的流程已经了解明晰，就接到的任务将分解为几个模块来完成：选择 5 个产品并确定定价；撰写直播前方案；撰写直播中口播方案；制作直播间视觉方案并执行；拍摄、制作引流短视频；进行直播设置；完成一场 45 分钟介绍 5 个产品的完整营销流程直播。一场直播的产品选品非常重要，并不是什么产品都可以随便卖，而是需要根据一定的原则进行直播间选品。

【任务目标】
（1）能够确定直播间选品 5 个产品。
（2）能够根据选品完成直播间产品的定价。

【任务需求】
PC、表格软件、文件模板等。

【任务实施】
（1）确认产品选品提供表格。
（2）确认直播间选品，可参考表 7-10 进行选品，完成表 7-11 所示的选品表。

表 7-10 直播间选品类型要素对比

类型	特　点	价格水平	利润水平
引流款	吸粉的低价商品	低客单价	中间水平
利润款	有明确购买需求且卖点突出的商品，所占比例突出	适中客单价	利润较高
形象款	高品质、高格调、高客单价的小众商品	高客单价	利润最高

表 7-11 直播间选品

直播间选品
1
2
3
4
5

（3）确认直播间选品与价格，完成表 7-12。

表 7-12 直播间选品与定价

序号	类型	产品	主要卖点	原价	直播间价格	直播间到手价
1						
2						
3						
4						
5						

二、撰写直播前方案

【任务描述】

直播间选品任务已经完成，针对直播间的整个流程需要策划出直播前方案。

【任务目标】

完成一份整场直播的流程规划方案。

【任务需求】

PC、表格软件、文件模板等。

【任务实施】

根据模板完成直播间活动的流程规划，在表 7-13 中完成直播间方案。

表 7-13　直播活动脚本

直播活动概述	
直播主题	
直播目标	
主播、副播	
直播时间	
注意事项	
直播活动流程	
时间安排	直播内容

三、撰写直播中口播方案

【任务描述】

一场直播已经做好了初步的规划，但是为了直播过程的顺利开展，需要一个口播方案来辅助进行。

【任务目标】

完成直播间主播口播方案。

【任务需求】

PC、表格软件、文件模板等。

【任务实施】

根据模板完成直播间活动的流程规划，在表 7-14 中完成直播间方案。

表 7-14　直播间活动脚本

直播活动概述	
直播主题	
直播目标	
主播、副播	
直播时间	
注意事项	

直播活动流程				
时间段	流程安排	人员分工		
		主播	副播	后台/客服

四、制作直播间视觉方案并执行

【任务描述】

一场直播活动，在用户进入直播间时候，直播间的装修能起到特殊的作用，与直播间活动、选品和主播人设有一定的关联性，会让用户的心理感受亲近容易接受。

【任务目标】

完成直播间背景图的设计。

【任务需求】

PC、Photoshop 软件、文件模板等。

【任务实施】

根据"直播间"活动文案主题，产品，完成直播间贴片设计。参考素材见图 7-10。

 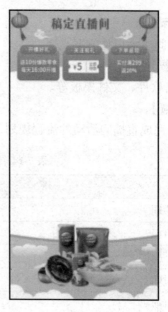

图 7-10　参考素材

五、拍摄、制作引流短视频

【任务描述】

一场直播的准备工作已经做好准备,现在需要为直播间的开播做引流预告,制作一个短视频,发布到各平台进行播放,为直播造势。

【任务目标】

拍摄剪辑完成一个 15 秒的引流短视频。

【任务需求】

PC、剪映软件、文件模板等。

【任务实施】

以小组为单位,拍摄符合直播主题的情景短剧类短视频。直播团队也可以根据直播主题策划一个情景短剧。情景短剧类短视频,一般由两人或多人一起表演,来表达直播的时间和活动,并通过点赞、评论和转发进行曝光和传播。根据撰写好的短视频拍摄脚本,在直播间实景拍摄或者户外拍摄,完成情景短剧短视频后,剪辑短视频,发布短视频到各大平台进行宣传引流。

六、进行直播间设置

【任务描述】

想要顺利开播,必须先进行直播设置,将直播间的名称、开播时间、上架的商品、直播间的背景等设置完毕。

【任务目标】

能够根据制订好的计划来设置直播间。

【任务需求】

PC、手机、方案文件、Photoshop 软件等。

【任务实施】

以小组为单位,完成各自的直播间名称、上架商品等设置。

七、完成一场 45 分钟介绍 5 个产品的完整营销流程直播

【任务描述】

万事俱备,马上开播!

【任务目标】

学生能够根据制订好的计划完成 45 分钟直播。

【任务需求】

PC、手机、方案文件、灯光等。

【任务实施】

(1)以小组为单位,完成 45 分钟直播。

(2)对直播进行录播,用作复盘用。

项目评价

学生自评表一

序号	技能点	达标要求	学生自评	
			达标	未达标
1	能够撰写一份直播活动的方案	1. 了解直播活动的基本步骤； 2. 能制定出直播流程策划； 3. 能确定直播间选品已经直播间价格； 4. 能撰写一份直播脚本； 5. 能拟定出直播间的直播物料		
2	能够根据直播制作一个引流短视频	1. 能撰写短视频的文案脚本； 2. 能拍摄剪辑完成短视频		
3	能够完成一场45分钟完整营销流程直播	1. 能按计划进行直播间设置； 2. 能按要求完成45分钟时长； 3. 能按照直播间的流程进行直播； 4. 能根据脚本进行直播，连贯流畅，不跑题		

学生自评表二

序号	素质点	达标要求	学生自评	
			达标	未达标
1	独立设计和执行的能力	能独立执行完成一个分配任务		
2	能够利用网络资源自学相关知识	执行任务前能够去使用网络资源，寻找新的参考素材，帮助完成任务，并学习相关的知识		
3	较强的沟通能力和团队协作能力	能与小组成员相互协作、沟通完成任务		
4	较强的应变能力	遇到突发问题能够做到独立思考与分析，并能快速找到问题的解决办法		

教师评价表一

序号	技能点	达标要求	教师评价	
			达标	未达标
1	能够撰写一份直播活动的方案	1. 了解直播活动的基本步骤； 2. 能制定出直播流程策划； 3. 能确定直播间选品已经直播间价格； 4. 能撰写一份直播脚本； 5. 能拟定出直播间的直播物料		
2	能够根据直播制作一个引流短视频	1. 能撰写短视频的文案脚本； 2. 能拍摄剪辑完成短视频		

续表

序号	技能点	达标要求	教师评价	
			达标	未达标
3	能够完成一场45分钟完整营销流程直播	1. 能进行直播间设置； 2. 能按要求完成45分钟时长； 3. 能按照直播间的流程进行直播； 4. 能根据脚本进行直播，连贯流畅不跑题		

教师评价表二

序号	素质点	达标要求	教师评价	
			达标	未达标
1	独立设计和执行的能力	能独立执行完成一个分配任务		
2	能够利用网络资源自学相关知识	执行任务前能够去使用网络资源，寻找新的参考素材，帮助完成任务，并学习相关的知识		
3	较强的沟通能力和团队协作能力	能与小组成员相互协作、沟通完成任务		
4	较强的应变能力	遇到突发问题能够做到独立思考与分析，并能快速找到问题的解决办法		

课后拓展

案例

佰草集，直播间创意的典范

宫斗元素在近几年比较流行，直播大家也不陌生，佰草集把宫斗带进直播间，将旧元素进行重新组合，堪称2021年最具备创意的直播间。和很多火爆的直播间不同，佰草集直播间的场景搭建、主播服装、话术、表演等都是精心策划的。主播在直播间与几个副播的对话与合作，都有浓浓的后宫剧代入感，让观众能够沉浸式体验"娘娘直播"。在回答观众问题的时候，主播拒绝了以往的回应方式，而是采用古代一些常用的称呼，比如，公主、娘娘、王爷、格格等。

【想一想】

直播间的打造，在整个直播营销活动中起到了哪些积极作用？

思政园地

思政案例

"辛巴直播带货即食燕窝"事件调查处理结果公布

中新网2020年12月23日电 据广州市场监督管理局官方微信消息，针对"辛巴直播带货即食燕窝"事件,广州市市场监督管理局23日通报调查处理结果。根据通报,市场监管部门拟对涉事直播间的开办者广州和翊电子商务有限公司作出责令停止违法行为、罚款90万元的行政处罚;拟对销售主体广州融昱贸易有限公司作出责令停止违法行为、罚款200万元的行政处罚。

通报称,广州和翊电子商务有限公司(以下简称"和翊公司")作为涉事直播间的开办者,受商品品牌方广州融昱贸易有限公司(以下简称"融昱公司")委托,于2020年9月17日、10月25日,安排主播"时大漂亮"通过快手直播平台推广商品"茗挚碗装风味即食燕窝"。在直播带货过程中,主播仅凭融昱公司提供的"卖点卡"等内容,加上对商品的个人理解,即对商品进行直播推广,强调商品的燕窝含量足、功效好,未提及商品的真实属性为风味饮料,存在引人误解的商业宣传行为,其行为违反了《中华人民共和国反不正当竞争法》第八条第一款的规定。

根据《中华人民共和国反不正当竞争法》的规定,市场监管部门拟对其作出责令停止违法行为、罚款90万元的行政处罚。通报指出,经调查,和翊公司直播期间投放的商品购买链接,是融昱公司在天猫平台开设的"茗挚旗舰店",消费者点击上述链接可直接进入该网店购买涉案商品,收款和发货等行为均由融昱公司实施。据此,市场监管部门认定涉案商品的销售主体是融昱公司。融昱公司为和翊公司直播活动提供的"卖点卡",以及在天猫"茗挚旗舰店"网店发布的内容,均存在引人误解的商业宣传行为,其行为违反了《中华人民共和国反不正当竞争法》第八条第一款的规定。

经涉案商品产地的市场监管部门抽检,融昱公司销售的"茗挚碗装风味即食燕窝"的13个项目,符合GB 2760—2014、Q/DZXY 0010S—2020、GB 14880—2012要求,但该商品标签存在瑕疵。根据《中华人民共和国反不正当竞争法》等规定,市场监管部门拟对其作出责令停止违法行为、罚款200万元的行政处罚。广州市场监督管理局表示,下一步,将坚持依法行政,严厉打击网络直播营销活动中的违法行为,切实保护消费者合法权益。同时,也将会同有关部门规范网络直播营销活动,引导行业自律,促进网络直播营销行业健康有序发展。

来源:https://baijiahao.baidu.com/s?id=1742825926179335914&wfr=spider&for=pc.

请针对上述案例思考以下问题。

1. 谈谈你对辛巴这次直播带货"翻车"的看法。
2. 网络直播带货已经成为一种新时尚,你如何看待"网络直播不是法外之地"的观点?

项目 8

直播数据分析 I

项目导入

2023 年 6 月 8 日,北京商报记者从多位从业者处了解到,部分品牌由于不适应新平台的算法推流机制,跨平台后 GMV 同比下滑 30%。例如,"6·18"期间罗永浩与"交个朋友"入驻京东,根据"交个朋友"官方微博,罗永浩在京东的直播首秀累计吸引了 1700 万人次前往观看,销售额 1.5 亿元。这样的数据在罗永浩的直播履历中,并不算突出。2020 年在抖音一炮而红的罗永浩,首秀 3 小时即获得 4800 万人次观看。去年"双 11"的淘宝首秀,直播 6 小时的预估成交额也在 2.1 亿元左右。都是直播平台,玩的却是不同套路。抖音与淘宝差异化的算法机制和考核标准,主播们必须学习适应。

教学目标

知识目标
(1)了解抖音直播号的数据看板。
(2)掌握直播间运营数据分析指标。
(3)掌握直播间数据漏斗模型。

能力目标
(1)能够对直播间数据进行初步诊断分析。
(2)能够讲出直播间流量、商品、互动、交易数据之间的关系。
(3)能够撰写直播间分析报告。

素质目标

（1）具备敏锐的洞察能力。
（2）具备分析比较能力。
（3）具备独立思考能力。
（4）具备团队协作精神。

课前自学

一、直播间数据相关概念

通过分析直播间的数据，主播或直播运营能够掌握粉丝想要干什么，粉丝想要得到什么，甚至能做到比客户更了解他们自己。随着技术手段不断完善，直播运营越来越精细化，直播带货相关数据的维度也越来越复杂。在直播运营数据分析的过程中，直播运营相关人员需要侧重观察和衡量一些特定的数据指标，本项目将进行详细讲解。

（一）直播间数据分析的缘由

直播间运营工作与直播间数据息息相关，多从直播间运营过程及最终的成效上来进行分析，重点分析直播过程中主播表现的及时率与有效率，以及不同类型的粉丝对于主播提供的服务需求的差异化表现。直播间运营分析通常采用常规的数据分析法，可以通过对粉丝画像数据的分析发现粉丝的主要类型。直播间运营分析还可以通过统计学分析法，得出直播间粉丝需求，通过这些深入的挖掘，可以帮助直播间积累更多的粉丝并提高销量。

（二）直播间数据分析的步骤

直播间数据分析的步骤是：收集数据—提炼数据—找出数据的规律。

（三）直播间运营的目的

直播间运营的目的是：通过不断优化直播间中的所有行为，达到既定的数据目标；通过分析直播间已有的数据规律，找到直播间优化的方向，帮助决策、预防风险、把握粉丝动向。因此，直播间数据分析就是通过观察、收集、提取直播间数据指标，提炼分析，并形成运营优化的活动。

（四）直播间整体看板——流量

图 8-1 所示为抖音直播间的数据整体看板，选中的部分为流量数据。

直播间观看人数：在本场直播开播时间内总计进入直播间的人数，常缩写为 UV。

自然流量 / 付费流量观看人数：在本场直播中，通过免费流量渠道或付费获取这两种方式进入直播间的观看人数。

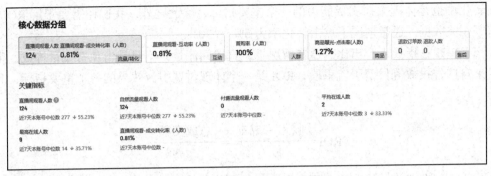

图 8-1　抖音直播间的数据整体看板

平均在线人数：在本场直播开播时间内，进入直播间的人数除以直播时长（分钟）。

最高在线人数：在本场直播开播时间内，同时观看直播间的最高人数。

直播间观看—成交转化率（人数）：在本场直播开播时间内，进入直播间购买商品的人数除以直播间总观看人数。

直播间流量数据一方面可以体现直播间运营或主播引流的能力，另一方面也能体现直播广告投手的流量把控能力，平均在线人数与最高在线人数也能从侧面反映出直播间的成交和互动情况。

（五）直播间整体看板——商品

直播间的商品数据看报（图 8-2）可通过多维度呈现直播间商品情况的数据。

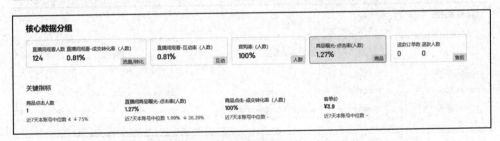

图 8-2　直播间整体看板——商品

（1）商品点击人数：直播间上架排列的产品中，有多少买家点击了商品链接。

（2）商品曝光—点击率（人数）：商品曝光数是由进入直播间的人数决定的，是指后台点击商品讲解的按钮时直播间的人数累计次数，商品曝光—点击率＝点击商品人数除以直播间总人数。

（3）商品点击—成交转化率（人数）：在本场直播开播时间内，商品购买人数除以商品点击人数，即直播间观众点击商品链接后购买产品的比例。

直播间商品数据一方面体现直播间运营选品选款的能力，另一方面体现直播间主播引导商品的能力，也就是主播能多大程度地吸引粉丝对商品的注意力。

（4）客单价：在本场直播开播时间内，销售总金额除以本次直播间购买人数。

客单价是对直播间商品档次的重点关注指标之一，是反映直播间商品定位的重要指标，成交转化率也是体现主播卖货能力的一个主要指标，除此之外，我们还需要了解ROI/UV价值等相关数据。通常情况下点击转化率为5%～20%。

（5）ROI：指投入产出比。通常情况下，直播间流量并不只是由免费流量构成，很多流量来自广告投放等付费引流手段，ROI是一个体现付费引流效果的一个重要指标，其公式为

$$ROI = \frac{收入-成本}{投入} = \frac{总成交额}{花费}$$

公式意义在于能够让运营人员直观了解付费引流的效果是否精准，以及直播间的盈利情况，此数值通常情况下越高越好，该数值受客单价影响较大。

（6）UV价值：UV价值是指每个进入直播间的访客带来的价值。

（7）UV价值的意义在于，运营人员可以据此衡量直播间用户价值的主要指标，该数据容易被转化率和客单价影响，其公式为

$$UV 价值 = \frac{直播间销售总金额}{直播间观看总人数} = 人均下单金额$$

（六）直播间整体看板—互动

直播间看板的互动部分主要体现的是直播间不同阶段的互动氛围和粉丝沉淀情况，互动数据可较为明显的反映出各阶段的直播间状态（图8-3）。

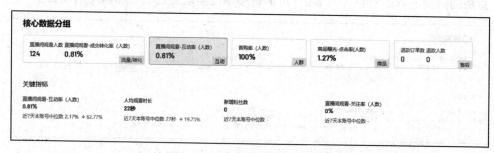

图8-3 直播间整体看板—互动

（1）新增粉丝数：在本场直播开播时间内，点击关注主播按钮关注主播的人数。

（2）人均观看时长：在本场直播开播时间内，直播间用户总停留时长除以直播间总用户数量。

（3）评论次数：在本场直播开播时间内，在直播间进行评论的条数。

（4）分享次数：在本场直播开播时间内，在直播间点击分享按钮的次数。

（5）人均观看时长是考核直播间和主播能力的重点关注指标之一，可以反映直播间内容与商品的吸引力，是直播间整体评估的重要维度，除开以上的基础数据以外，我们还需要了解互动率、关注率等相关数据。

（6）直播间观看—互动率 $= \frac{直播间评论人数}{直播间观看人数} \times 100\%$。

直播间观看—互动率的意义在于，运营人员能够直观了解直播间粉丝互动情况，从而调整主播互动环节的内容设计，通常情况下5%算及格，10%以上算优秀。

（7）直播间观看—关注率的意义在于，运营人员能够直观地了解主播或者品牌打造私域流量的沉淀能力，通常情况下观众总数小于1000人时，1%算及格，5%算优秀，观众总数大于1000人时，2%算及格，5%～10%算优秀，其公式为

$$直播间观看—关注率 = \frac{直播间新增关注人数}{直播间观看人数} \times 100\%$$

（七）直播间整体看板—人群

直播间看板的人群部分（图8-4）主要是呈现直播间的粉丝人群数据，可以较为明确地体现直播间的人群特征，为后续的数据分析及优化提供参考。

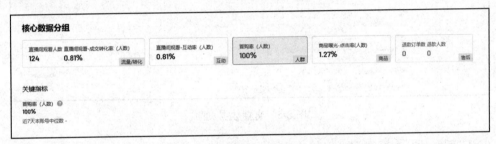

图8-4　直播间整体看板—人群

（1）首购人数：在本场直播前未购买过商品且在本场直播过程中购买商品的用户。

（2）首购率：在本场直播开播时间内，首购人数除以成交人数。

（3）首购率的数据有助于直播运营快速了解直播间中粉丝的比例，从而更好地做好客户人群管理。

二、直播间数据获取与分析

数据分析是直播运营中不可或缺的一部分，想要优化直播运营效果，提高直播间带货能力，主播与直播运营需要学会深耕数据。"收集数据—提炼数据—分析数据"进行直播间数据分析的主要步骤。

（一）收集数据

直播数据可以通过直播账号后台，平台提供的数据分析工具与第三方数据工具三种方式获取（PC端登录需要先进入抖音官网，选择工作台，进入巨量百应页面）。

1. 直播账号后台

主播和运营人员可以通过商家PC后台端与App端两个位置查看直播账号后台数据。

（1）通过PC端查看数据：以抖音直播为例，抖音电商旗下的巨量百应平台可以提供直播间每场直播的实时数据，主播和运营人员可以根据实时数据的变化及时了解直播效果，

直播数据页面如图8-5所示。

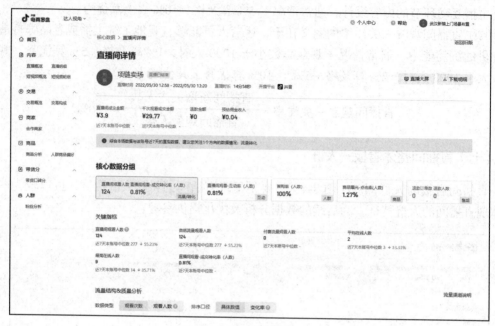

图8-5 直播数据页面

（2）通过App查看数据：以抖音直播App为例，在抖音的后台中可展现直播的总体数据，如观看次数、实时在线人数等（手机端登录需要通过手机的应用市场下载安装巨量百应App），数据分析页面如图8-6所示。App查看数据的优势是能够在直播后快速、简单、明了地看到反映直播效果的数据，实时性较强。

 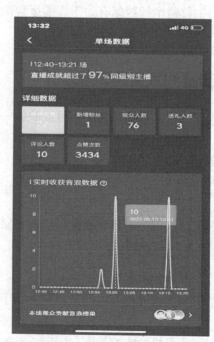

图8-6 抖音App直播账号后台数据

2. 第三方数据平台分析工具

常用的第三方直播运营数据分析平台有以下三种。

（1）蝉妈妈是国内知名的抖音、小红书数据分析服务平台，致力于帮助国内众多的达人、机构、品牌主和商家通过大数据精准营销，实现"品效合一"。蝉妈妈数据分析平台页面如图8-7所示。

图8-7　蝉妈妈数据分析平台页面

（2）飞瓜数据平台是一个专业的短视频数据分析平台。它功能比较齐全，可以做单个抖音号的数据管理，查看日常运营情况；也可以对单个短视频数据进行追踪，了解它的传播情况。除此之外，通过飞瓜数据，还可以收集热门视频，并查询带货情况。飞瓜数据分析平台页面如图8-8所示。

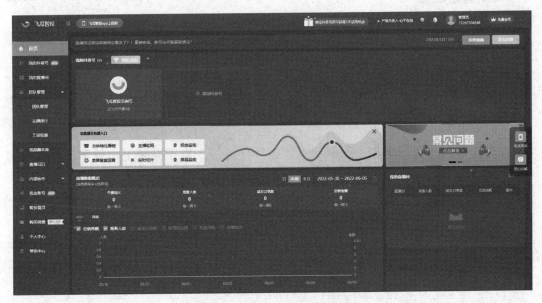

图8-8　飞瓜数据分析平台页面

（3）新榜是数据驱动的互联网内容科技公司，提供内容营销、直播电商、培训运营、版权分发产品服务，助力中国企业数字内容流量资产的获取与管理。新榜依托数据挖掘分析能力，可建立用户画像和效果监测系统，连接品牌广告主和品牌自媒体，是KOL、自媒体原生广告的服务商之一，旗下的电商导购服务团队也已成为连接自媒体和供应链的重要桥梁和平台。新榜还向图文、视频内容创作者提供版权经纪服务。新榜数据分析平台的首页如图8-9所示。

图8-9　新榜数据分析平台页面

此外，还有网罗、星榜、卡思数据等众多的数据平台，可以根据具体情况自行选择。

（二）提炼数据

提炼数据一般包括数据修正和数据计算。

1. 数据修正

数据修正是指对收集来的数据进行排查，发现异常数据，然后对其进行修正，以保证数据的准确性和有效性，从而保证数据分析结果的科学性与可参考性。

2. 数据计算

数据计算包括数据求和、比例计算、趋势分析等，为了提高工作效率，可以使用Excel的相关功能进行数据计算。

（三）分析数据

直播间的运营者需要通过高效的工具对自己的直播账号进行分析，通过这些数据得出的结论对账号的运营有极强的促进作用。常用的数据分析方法有对比法与曲线法等。

1. 对比分析法

对比分析法指通过对比找出异常数据，异常数据不代表差的数据，而是严重偏离平均线的数据。例如,某主播在使用标准口播稿进行产品讲解的过程中,如果在某次直播过程中,没有严格按照口播稿进行产品讲解,但是当天直播数据中关注率提高了10%,虽然数据结果是优质的,但是这也是数据异常,需要复盘此次直播的口播内容,查找原因。通常情况下,只有把多个场次的数据整理到一个表格中才能发现数据异常。可使用Excel的数据透视功能,较快地排查出异常数据。

2. 曲线分析法

曲线分析法是指挑选3个及以上的有相关性的数据放在一起观看其走势,一致与不一致都能解读出不同的含义。

3. 直播间数据模型

常用的直播间数据分析模型主要是漏斗分析模型。

漏斗分析模型特别适用于直播间数据分析,由于直播间业务流程比较规范,环节较多。通过漏斗各环节数据的比较,能够直观地发现问题所在。在直播间数据分析的过程中,漏斗分析模型通常用于转化率比较,他不仅能够展示访客从进入直播间到实现购买的最终转化率,还可以展示每个步骤的转化率。通过前后不同环节的数据对比,能够直观地发现直播间环节存在的问题,并找到最佳的优化空间。

抖音直播运营的核心关键数据如图8-10所示,可以看到其五维分别是:直播间曝光人数、直播间观看人数、商品曝光人数、商品点击人数、成交人数。四率分别是:曝光—观看率、观看—商品曝光率、商品曝光—点击率、商品点击—成交转化率。其中曝光—观看率主要代表抖音给推流之后,用户会不会点击进入直播间,这个主要是由主播的颜值、状态、话术以及直播间的装扮等因素决定的。观看—商品曝光率主要决定的是商品的点击率和转化率,和商品的弹窗、主播的引导有关。

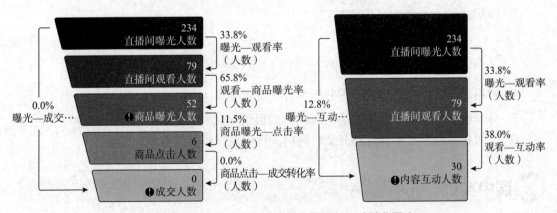

图8-10 抖音小店后台成交转化漏斗与互动转化漏斗

图8-10中,直播间瀑布流显示,从粉丝进入直播间到产品曝光,转化率是33.8%,从直播间观看到主播讲解产品运营点击上架,转化率是65.8%等。如果想要找出哪个环节出问题,就需要对比行业数据。

如果进入直播间，同行平均转化率是 50%，而本直播间只有 33.8%，那说明这个过程的转化率没有达到行业平均水平，就需要分析具体原因在哪里，再有针对地去改善与优化。

当然，这是一种理想化的数据模型，数据是经过汇总得出的。而真实的客户行为往往并不是完全按照这个简单流程来进行。此时就需要分析粉丝为什么还会通过其他路径来达到最终目的，并思考中间有没有其他的优化空间。

直播间运营与直播间数据分析不只限于以上的这些方法，各种事件的出现与其他维度的干预都会导致数据信息的变化。所以我们在做数据分析的过程中，一定要追求数据的准确性，尽可能通过不同数据平台的渠道获取数据，相互验证。

课前自测

一、选择题

1.（单选题）（　　）的过程中，直播运营相关人员会需要侧重观察和衡量一些特定的数据指标。

  A. 直播运营数据分析   B. 直播商品

  C. 直播口播   D. 撰写直播脚本

2.（单选题）（　　）不是直播间数据分析的步骤。

  A. 收集数据   B. 提炼数据

  C. 找出数据之间的规律   D. 修改数据

二、判断题

1. 商品展示次数是指用户实际点击商品链接的次数。（　　）

2. $ROI = \dfrac{收入 - 成本}{投入} = \dfrac{总成交额}{花费}$。（　　）

3. 首购率 $= \dfrac{首购人数}{观看人数}$。（　　）

4. 常用的第三方直播运营数据分析平台有生意参谋。（　　）

5. 分享次数是在本场直播开播时间内，直播团队告诉别人直播间账号的次数。（　　）

6. 新增粉丝数是在本场直播开播时间内，评论点赞刷屏的数量。（　　）

根据案例直播间数据分析报表

【任务描述】

小李是卖货直播间的运营，该直播间 7 月某三场的直播的数据以及同行业直播间单场平均数据如表 8-1～表 8-4 所示,小李作为一个直播运营尝试使用对比分析法与漏斗数据模型来撰写《×××直播间数据分析报告表》向老板汇报近期工作,总结问题,并提出改进方案。

本任务将以真实工作环节作为出发点,重点分析直播间数据的特征,培养通过直播间数据发现直播间问题的能力。

表 8-1　7 月同行业直播间单场平均数据

直播间曝光量	直播间观看量	直播间商品光爆量	直播间商品点击量	直播间下单人数	平均观看时长（分）	直播间销售额（元）	直播时长（小时）
15114	7406	6295	1110	637	3.7	45860	4.5

表 8-2　本店数据 7 月第一场数据

直播间曝光量	直播间观看量	直播间商品光爆量	直播间商品点击量	直播间下单人数	平均观看时长（分）	直播间销售额（元）	直播时长（小时）
6009	1983	1388	198	123	1.7	6273	3.5

表 8-3　本店数据 7 月第二场数据

直播间曝光量	直播间观看量	直播间商品光爆量	直播间商品点击量	直播间下单人数	平均观看时长（分）	直播间销售额（元）	直播时长（小时）
9333	2800	1400	252	140	1.9	6860	4.0

表 8-4　本店数据 7 月第三场数据

直播间曝光量	直播间观看量	直播间商品光爆量	直播间商品点击量	直播间下单人数	平均观看时长（分）	直播间销售额（元）	直播时长（小时）
4554	1594	966	159	110	2.2	5720	3.8

【任务目标】

（1）能够说出直播间漏斗模型的层级。

（2）了解直播间不同数据问题来源。

（3）能撰写数据分析报告,并汇报结果。

【任务需求】

PC。

【任务实施】

一、实施步骤

（1）整理数据,选择分析方法。

（2）对比分析曝光—观看率。

（3）对比分析观看—商品曝光率。

（4）对比分析商品曝光—点击率。

（5）对比分析商品点击—成交转化率。

（6）通过其他数据验证分析结果对比。

（7）撰写《基于漏斗模型的×××直播间数据分析报告》。

（8）做好汇报结果的准备。

（9）完成口头汇报。

二、分析逻辑

以下是《基于漏斗模型的×××直播间数据分析报告》的结论与整改逻辑的填写范例，表格模板如表8-5所示。

表8-5 基于漏斗模型的×××直播间数据分析报告

项 目	第一场	第二场	第三场	平均	结论	解决方案
本店曝光—观看率						
同级行业平均曝光—观看率						
本店观看—商品曝光率						
同级行业平均观看—商品曝光率						
本店曝光—点击率						
同级行业平均曝光—点击率						
本店点击—成交转化率						
同行点击—成交转化率						

1. 曝光—观看率

该直播间曝光—观看率低于行业平均的××%，可能存在的问题有以下几点：①直播间的布置不够新颖，陈列老式；②直播间主播的人设特征（外观特征）不明显；③直播间名称没有做福利政策文案；④直播间没有设置热门话题。

2. 观看—商品曝光率

该直播间观看—商品曝光率低于行业平均××%，可能有存在的问题有以下几点：①控场和运营在主播进行产品讲解时候，内容点击不够及时；②直播过程中控场与运营没有配合到位，没有及时置顶相关产品；③主播留客话术效果不好，粉丝进入直播间后就立刻离开了；④直播与运营设计的直播间活动设计不合理，起不到留客作用。

3. 商品曝光—点击率

该直播间商品曝光—点击率低于行业平均××%，可能存在的问题有以下几点：①产品价格定价不合理；②产品主图设计不合理，没有吸引力。

4. 商品点击—成交转化率

该直播间商品点击—成交转化率低于行业平均××%，可能存在的问题有以下几点：①产品与直播间人群消费等级不匹配；②产品选择不合适；③主播逼单话术逻辑有问题，不能激活粉丝下单欲望；④主播产品讲解与展示不够清晰。

三、汇报逻辑

以下是《基于×××直播间数据分析报告表》的汇报逻辑。

（1）三场直播的数据是否有环比增长或下降。

（2）肯定现阶段数据与店铺情况。

（3）讲述现阶段数据的不足与异常。

（4）给出调整方案，并做出调整时间。

项目评价

学生自评表一

序号	技能点	达标要求	学生自评 达标	学生自评 未达标
1	能够对直播间数据进行初步的诊断分析	1. 能根据素材整理数据；2. 能根据整理出的数据进行对比		
2	能够讲出直播间流量、商品、互动、交易数据之间的关系	能给出数据结论		
3	能够撰写直播间分析报告	1. 能根据数据结论给出建议方案；2. 工作汇报语言有条理性		

学生自评表二

序号	素质点	达标要求	学生自评 达标	学生自评 未达标
1	敏锐地洞察能力	1. 能与小组成员正常交流、沟通；2. 能准确表达自己的观点		
2	分析比较能力	遇到问题能够分析并进行比较，找到问题的解决办法		
3	独立思考能力	遇到问题能够做到独立思考找到问题的解决办法		
4	团队协作精神	能与小组成员相互协作完成任务		

教师评价表一

序号	技能点	达标要求	教师评价 达标	教师评价 未达标
1	能够对直播间数据进行初步的诊断分析	1. 能根据素材整理数据；2. 能根据整理出的数据进行对比		
2	能够讲出直播间流量、商品、互动、交易数据之间的关系	能给出数据结论		
3	能够撰写直播间分析报告	1. 能根据数据结论给出建议方案；2. 工作汇报语言有条理性		

教师评价表二

序号	素质点	达标要求	教师评价	
			达标	未达标
1	敏锐的洞察能力	1. 能与小组成员正常交流、沟通； 2. 能准确表达自己的观点		
2	分析比较能力	遇到问题能够分析并进行比较，找到问题的解决办法		
3	独立思考能力	遇到问题能够做到独立思考找到问题的解决办法		
4	团队协作精神	能与小组成员相互协作完成任务		

课后拓展

拓展知识

1. 淘宝直播间规范及法律法规要求

2021年年初，淘宝直播官方在杭州市余杭区市场监督管理局和杭州市余杭区消费者权益保护委员会的指导下，依据相关法律法规及《市场监管总局关于加强网络直播营销活动监管的指导意见》等文件要求，从保护消费者合法权益，保护知识产权，维护市场秩序等角度出发，呼吁各位主播共同维护网络直播营销市场的平稳健康发展，营造公平有序的竞争环境，安全放心的消费环境。

2. 抖音直播管理规范的三项基本原则

（1）坚持爱国守法。

坚持不危害国家、民族、宗教原则；

坚持不开未成年人直播、不假冒官方名义及进行非本人身份认证的直播；

坚持避开直播黄、赌、毒及传销等扰乱公序良俗内容。

（2）遵守传统道德。

不播黄段子、性暗示、募捐、赌术、内容惊悚、影响社会和谐的内容；

不播医、药等容易引诱、损害老百姓认知内容；

不播未经官方授权的剧目或低俗的暴力及游戏内容。

（3）积极传播正能量。

不播妆容不雅、语言低俗、开车、烟、酒等内容；

不私发广告和联系方式、不私下交易；

不播投机取巧做投资、挂机、回放等内容。

在进行直播时，要做到心中有底线，绝不踩红线。在此基础上持续输出优质的内容，就有机会得到平台的流量扶持，冲上热门。

思政园地

思政案例

又一直播间涉嫌售假？这次海南航空被消费者点名

（1）第三方店铺供货真假成谜，消费者维权路艰辛。

近日，据《南方都市报》相关报道，消费者于女士爆料称自己在抖音平台"海南航空"直播间下单购买的SK-Ⅱ神仙水是假货。

该新闻一出，顿时引起不少关注。据悉，这是"海南航空"抖音直播间再次被消费者爆出"售假"。目前，这位于女士正处于艰难的维权过程中。此次事件，不由得让我们再次把目光投向直播间美妆"售假"这个问题。

（2）海南航空直播间如何销售美妆产品？

据记者观察，"海南航空"抖音直播间一直以来的直播带货成绩都比较亮眼。

如图8-11和图8-12所示，海南航空抖音账号的粉丝量达129.7万，推荐橱窗已售产品超过10万，近二十天左右，海南航空直播间带货峰值为5月13日的直播，销售额约576.6万。

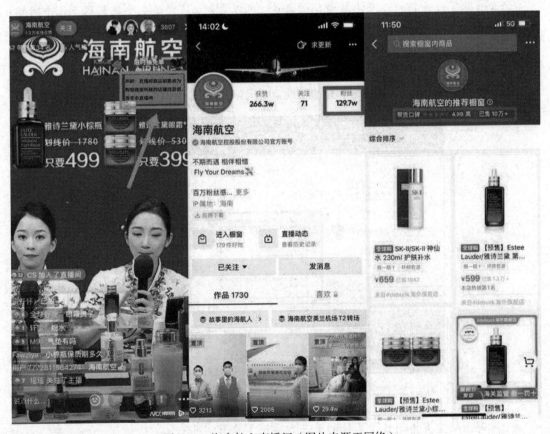

图8-11 海南航空直播间（图片来源于网络）

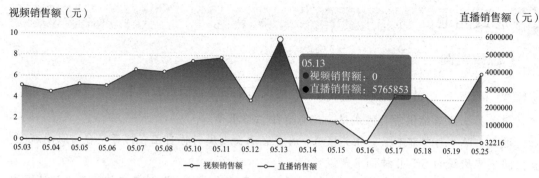

图 8-12　海南航空直播间销售数据（图片来源于网络）

但在直播间截图中我们能看到，其页面显示"声明：直播间商品销售者为购物链接所属的店铺经营者，而非本直播间"。这表明，海南航空直播间只是带货主播的角色，只推荐售卖，货品来源是第三方渠道，与该直播间没有什么特殊联系。

通过一些留言，记者看到，海南航空直播间似乎受到了部分消费者质疑。5月，海南航空直播间就曾被抖音账号"陈薇"质疑产品假货问题。而后，海南航空直播间曾发过一则声明。

记者选取了评论前排以及点赞量高的评论，可以看到，消费者主要聚焦以下几个问题：
① 消费者对第三方店铺有疑问却被禁言；
② 海南航空直播带货却不是自营店铺，没有以免税品供应，让人费解；
③ 有消费者质疑产品的真假。
而在这些评论下方，海南航空直播间没有进行相关回应（图 8-13）。

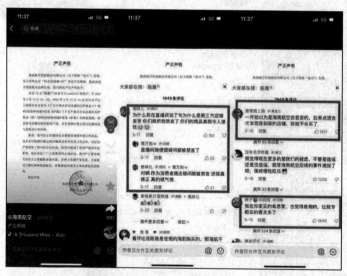

图 8-13　海南航空直播间声明下的高赞评论（图片来源于网络）

（3）海南航空直播间售卖美妆的第三方渠道主要有哪些？

记者发现，海南航空关联的店铺共有62家。消费者于女士表示，她在下单购买产品时，跳转页面是一家名为"贝乐购海外旗舰店"的第三方店铺（以下简称贝乐购）。

据了解，贝乐购这家店铺，属于在香港注册成立的贝乐购国际有限公司。除了海南航空外，它与中邮、抖音官方直播间都有合作。

不过，从数据可以看出，贝乐购与海南航空直播间"关系匪浅"。据飞瓜数据显示，贝乐购店铺的合作直播间中，海南航空直播销量和销售额占据第一，销量为5444件，销售额达259.2万，关联直播数为17场（图8-14）。

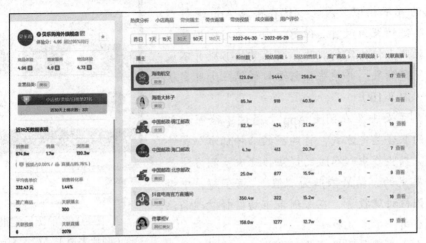

图8-14　贝乐购与海南航空直播间"关系匪浅"（图片来源于网络）

记者搜索发现，该抖音店铺好评率为4.95，已售产品数量超过7.3万。店铺首页显示"你想要的我们都有，跨境直采、海关监督、正品保障"等字样，并附上了大量国际大牌的LOGO。

另外，店铺内的SK-II神仙水等商品目前依旧在售卖，销量仅为255个。店铺内销量最高的是Kiehl's科颜氏淡斑精华液和LANCONE兰蔻大粉水，超过1400个。值得注意的是，每一样产品的详情页皆附上了"假一赔十"字样（图8-15）。

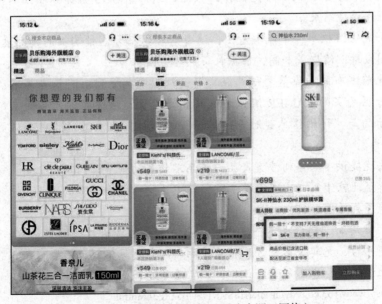

图8-15　贝乐购抖音店铺（图片来源于网络）

（4）面对直播间售假，消费者维权有多难？

据《南方都市报》报道，消费者于女士的维权道路实为不易。

据悉，她在直播间购买的SK-Ⅱ神仙水价格为639元，收到产品后，于女士发现这款神仙水与自己往常购买的并不相似。因此，她在得物App进行产品鉴定，鉴定结果为假货。但是，由于鉴定依据是于女士自己拍照上传的实物照片，贝乐购的客服并不认可此次的鉴定结果，并被告知需要权威第三方鉴定机构的鉴定（图8-16）。

随后，于女士又在闲鱼App上通过中检科深与闲鱼合作的联合鉴定方式，将购买的"神仙水"寄给验货中心。据验货中心客服的说法，此次检测方法是通过成分鉴定的，结果依旧为"假"。据了解，中检科深是中国检科院投资，在深圳市市场监督管理局注册成立的公司。

图8-16 官方鉴定报告

（图片来源于《南方都市报》）

据于女士透露，如果需要闲鱼与中检科深合作的鉴定中心出具一份纸质且盖章的鉴定报告，需要一万多元。就算于女士拿到鉴定报告，向贝乐购海外旗舰店索要"假一赔十"的赔偿，也只能得到6390元的赔偿金，根本不抵第三方机构出具鉴定报告所需的费用。

另外，于女士也曾试图联系另一权威机构鉴定，但被告知机构不针对单个消费者服务，这个鉴定门槛也将她劝退。对此，她表示，"普通消费者太难了，维权成本太高"。

不过，5月29日，于女士在小红书平台发布进展信息，经过她的努力争取，一周前商家已同意协商将涉事神仙水与免税样品一同送到广州SGS通标标准技术服务有限公司鉴定，目前还在等待结果。

从于女士此次维权事件中能够看出，消费者在第三方店铺购买的产品真假实难辨别，若不幸购买到假货，维权成本高，证据收集也非常困难。

聚美丽此前发布的《海蓝之谜，假货疑云？》中也提到，消费者薛军认为其在京东平台的自营专区购买的LAMER海蓝之谜产品为假货，扫描涉案产品的京东商品防伪追溯帖时，显示的是"详细信息暂时无法显示"的字样，此涉案产品也是从第三方店铺发货的。

薛军向法院提供了一系列涉案产品与正品不相符的细节证据用以上诉，一审判决败诉后，再次上诉至北京市第四中级人民法院。二审法院也认为薛军的上诉请求不能成立，驳回上诉且维持原判（图8-17）。

取证难、费用高、起诉也不一定成功，由此可见消费者维权确实很难。但与此同时，直播间、电商平台，尤其是第三方店铺售假的新闻却屡见不鲜，消费者难以分辨第三方店铺是否有线上经销权、货品是否为正品、产品质量能否得到保障等问题。

来源：https://www.163.com/dy/article/H8SRKDPC0518L346.html。

图 8-17 二审判决书

根据以上案例想一想直播间售假会带来什么样的社会危害？

项目 9

直播数据分析 Ⅱ

项目导入

本项目承接"项目 8",继续深入讲解卖货直播间数据的收集、整理、分析以及卖货直播间数据在卖货直播间运营中重要性的相关知识。

教学目标

知识目标

(1)能够知道粉丝分析的概念与主要内容。
(2)能够掌握粉丝分析的指标。
(3)能够说出粉丝细分方法与细分模型。
(4)能够进行粉丝忠诚度分析。
(5)能够进行粉丝特征分析。
(6)能够进行粉丝行为分析。

能力目标

能够使用文档表格工具制作粉丝画像。

素质目标

(1)具备敏锐地洞察能力。
(2)具备分析比较能力。

项目 9　直播数据分析

（3）具备独立思考能力。
（4）具备团队协作精神。

课前自学

一、粉丝分析的概念及主要内容

（一）粉丝分析的概念

通过合理、系统的粉丝分析，直播运营、主播可以了解不同的粉丝有着什么样的需求，分析粉丝的消费特征与经营效益的关系，使运营策略得到最优的规划。更重要的是粉丝分析可以帮助直播运营发现潜在粉丝，从而进一步扩大粉丝群体，使直播间得到快速的发展。运营人员可以从以下几个方面入手，对粉丝数据信息展开分析。

1. 粉丝个性化需求分析

随着直播间运营理念的提升，"以粉丝为中心"的运营理念越来越受到企业与主播的推崇。分析粉丝的个性化需求正是"以粉丝为中心"的一个重要体现。直播运营通常会使用 CRM 系统（客户关系管理系统）来进行记录与管理，通过分析粉丝个性化需求，企业与主播可以了解不同粉丝的不同需求，从而采取有针对性的经营活动，使得直播间获得更高的投资回报率。

2. 粉丝行为分析

利用粉丝数据信息，主播和直播运营可以了解到绝大多数粉丝的观看与购买习惯，通过这些对粉丝行为的分析可以了解粉丝的真正需求。通过粉丝行为分析，可以知道哪些粉丝的哪些行为会对直播间以及销售产生影响，主播和运营可以通过调整主播口播内容，营销活动设计，互动活动设计等方法来改变粉丝行为，进而改变粉丝与主播和直播间的关系。

3. 有价值的信息分析

直播运营、主播依据对粉丝的分析可以进行科学地决策，而不是将决策完全建立在主观判断和过去经验的基础之上。通过粉丝分析、直播运营、主播和运营可获得许多有价值的信息，如某次主播口播促销活动中粉丝对哪些促销方式感兴趣，哪些产品不适合对当前粉丝进行促销推荐，影响粉丝购买行为的因素有哪些，粉丝再次参加类似促销活动或类似口播内容的效果预测等。这些有价值的信息有利于直播运营、主播进行科学的决策。

（二）粉丝分析的主要内容

粉丝分析的内容很多，大体上可将粉丝分析的主要内容概括为以下 7 个方面。

1. 行为分析

商业行为分析就是直播运营通过分析粉丝的分布状况、消费情况、历史记录等商业信息来了解粉丝的综合状况。商业行为分析包括产品分布情况分析、粉丝保持分析、粉丝流失分析等。

通过粉丝分布情况分析，主播和运营可以知道哪些区域、什么层级城市的粉丝对直播间更感兴趣，从而获取粉丝分布状况，并根据这些信息来组织商业活动。

粉丝保持分析，就是直播运营根据粉丝存留、加粉、脱粉等多项数据，找到对直播间有重要贡献度的客户，也就是直播间最想保持的客户，然后针对其制订相应的营销计划。

2. 粉丝特征分析

粉丝特征分析是对粉丝在直播间的互动情况，对短视频的互动情况，以及粉丝购买行为习惯，粉丝对于主播新话术、直播间新产品的反应，粉丝的反馈意见等内容的分析。粉丝的行为特征分析的目的是细分粉丝，针对不同的粉丝采取不同的营销策略。通过粉丝对新产品与新话术的反应特征进行分析，直播间可以获得新产品与新话术的市场潜力与反馈情况，并且了解不同粉丝对于新产品的接受程度，最终决定新产品与新话术是否可以继续推广和使用。

3. 粉丝忠诚度分析

粉丝忠诚度对于直播间的运营战略具有重要意义，保持粉丝忠诚度才能保证直播间的持续竞争力。粉丝只有对直播间提供的表演服务与产品满意、对直播间信任，才会继续购买直播间的产品，粉丝的忠诚度才能提升。事实证明保持一个老粉与吸引一个新粉的成本是截然不同的，因此保持主播与粉丝之间的长期沟通与交流对提高直播间的利润有很大的帮助。

要记住，粉丝是直播间的核心资产，保持粉丝忠诚度，能够根本上提高直播间的核心竞争力。

4. 粉丝注意力分析

粉丝注意力分析指对粉丝对于主播互动行为的响应情况、咨询状况、满意度等进行分析。

粉丝咨询分析需要根据粉丝咨询产品、服务，受理咨询的主播行为，以及发生和解决咨询的时间来分析一定时期内的粉丝咨询活动，并跟踪这些咨询的情况。通过对粉丝咨询状况的分析，可以了解主播讲解产品所存在的问题和粉丝所关心的问题，以及如何通过调整话术来解决这些问题。

粉丝满意度分析与评价是根据一定时期内对产品感到满意的 20% 的粉丝和感到不满意的 20% 的粉丝，并描述这些粉丝的特征。通过对粉丝的满意度进行分析，可以了解直播间具体有哪些产品是粉丝最不满意的，哪些粉丝对哪些产品最为满意，通过进一步了解这些客户的具体特征，提出调整选品策略与直播间产品品控的改进意见及办法。

5. 粉丝营销分析

为了制定下一步的营销策略，直播运营、主播需要对目前的营销系统有一个全面了解。

粉丝营销分析通过分析粉丝对产品、价格、促销、分销四个营销要素的反应，使商家能够对产品目前的销售状况和未来的销售趋势有一个全面的了解，通过改变相应的营销策略与主播话术来提高营销的效果，还有助于商家制定更为合理的营销策略。

6. 粉丝收益率分析

对粉丝收益率进行分析是为了考察直播间的实际盈利能力及粉丝的实际贡献情况。每一个粉丝的成本和收益都直接与直播间的利润相联系。粉丝收益率分析能够帮助直播运营识别对直播间有重要贡献价值的20%粉丝，通过对这些重要粉丝进行重点营销能够提高直播间的投资回报率。

7. 粉丝画像数据分析

直播数据可以帮助直播运营、主播进一步了解自己的粉丝画像与受众喜好，并可根据需求调整粉丝数据结构，也可以对不同账号的数据进行更多维度的对比，取长补短。

粉丝画像是直播电商需要分析的关键数据，直播带货就是基于直播间粉丝的需求进行的。直播间的粉丝画像包括年龄、性别、兴趣、来源等，掌握了这几个数据，无论是直播间选品还是主播口播稿的优化，都能找到合适的切入点。

粉丝画像分析包括粉丝画像标签体系构建和粉丝群画像分析。

（1）粉丝画像标签体系构建

简而言之，就是捕捉正确的"场景"，找到对的"人"，即对粉丝线上和线下行为进行深度洞察，构建全面、精准、多维的粉丝画像体系，为直播运营提供丰富的粉丝画像数据，提高实时的场景识别能力，帮助直播运营人员全方位了解粉丝。

多数的直播数据分析平台，将粉丝画像标签分为行为标签、场景标签、属性标签、兴趣标签、定制化标签等（图9-1）。

图9-1 用户画像标签体系

（2）粉丝群画像分析

粉丝群画像数据分析是指通过对粉丝行为、粉丝属性等内容的分析获取目标群体，并对群体进行处理的过程，具体可分为3步。

第一步：使用标签对粉丝行为、粉丝属性进行筛选，获得目标群体。

图9-2所示为在数据分析平台所呈现的粉丝群画像。通过筛选，可以获取目标群体在整个群体中的占比数，并加以分析。

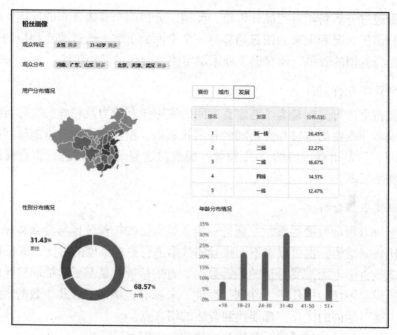

图 9-2 东方甄选 2022 年 8 月粉丝人群画像

第二步：观察目标粉丝群体的标签分布、行为指标和粉丝构成。

在第一步所获得的数据中，比较受关注的是影响推广、活跃、留存、付费的关键指标，以及关键行为在指标上的反映（比如商品推荐、广告等）。指标可能比较偏重于行为习惯（内容偏好、时间偏好、设备特征）、动机和态度等。这里需要将目标群体保存为粉丝群标签或导出人群列表。

第三步：粉丝分群。

粉丝分群是粉丝画像最常用的场景，它是指通过对粉丝画像的标签进行筛选，筛选出不同的粉丝群，实现对不同粉丝群的精细化运营。

例如：可以把过去 30 天购买金额大于 500 元、活跃天数大于 10 天、最近一次活跃间隔在 5 天以内的粉丝定义为高付费潜力客群，进而对这部分粉丝进行精细化运营。

二、直播流量数据分析

从流量获取是否需要付费的角度来划分直播间流量，可以将直播流量分成自然流量和付费流量。其中，由于商家无须为自然流量付费，因此，自然流量更受商家关注。

（一）影响自然流量分发的因素

对于直播带货来说，直播间获得的自然流量越多越好。影响直播间自然流量获取的有以下几个因素。

1. 直播间 UV 价值

直播间 UV 价值 = 总销售额 / 总观看人数。平台是根据直播间的总销售额按比例抽取佣金的，直播间总销售额越大对平台就越有利。UV 价值高的直播间比 UV 价值低的直播间更能得到平台的青睐。从理论上来说，进入高 UV 价值直播间的流量越大，最终成交的 GMV 也就越高，平台直接收益也能最大化。

2. 直播间互动率：评论、点赞、转发

除了从总销售额抽佣的直接利益，从平台的长远发展角度出发，其需要把观众牢牢绑定在平台内。因此，对于用户喜欢的内容，平台一定会大力扶持推广。如果观众对直播间感兴趣，一定会乐于进行互动，这都直接体现在直播间内的评论、点赞、转发分享数据上。

3. 直播间转粉率

直播间转粉率 = 新增关注人数 / 总观看人数 ×100%。对直播带货来说，主播团队最在意的除了销售额的提升外，就是粉丝的增长。转粉率高的直播间，一方面可以说明观众对直播间的喜爱，观众黏度高；另一方面，粉丝的增长也能给予主播运营团队积极的反馈，正向促使直播间在平台生态内长久持续发展。

（二）流量分发机制

在反思为什么直播间主播明明很卖力却没人看之前，首先必须明白直播间所在的平台对于流量分发的核心机制与规则是什么。下面以抖音直播为例，从流量分发机制的角度，来解析为什么大多数品牌、店铺、个人直播间在线人数通常只有几十人。对于抖音平台来说，智能分发、流量池、去中心化是其独有的特征点。

1. 智能分发

抖音平台对于新发布的视频或直播间通常会给予以下四部分的流量推荐。

（1）关注粉丝：关注的粉丝与账号之间具有最强的关系连接。

（2）通讯录好友或者可能认识的人：这里有个前提是需要授予 App 调用手机通讯录的权限，并且在 App 中开启了通讯录好友可见功能。

（3）同城推荐：对于处于成长初期的账号而言，同城推荐是第一波推送。

（4）相关标签用户：系统会先将每个账号的内容进行打标签处理，然后把视频或直播间推荐给系统标签相同或相似的账号，在小范围的流量池内进行扩散。

2. 流量池

在智能分发中，不管是主播的粉丝，还是通讯录好友，与平台上亿人的日活跃用户量相比，在数量上几乎可以忽略不计。而且，系统能推荐的同城流量也相当有限。想要获取平台更多的免费流量，流量池推荐是至关重要的。

具体来说，对于新发布的视频或直播间，平台会先提供一个基于标签的小型流量池（流量池 1）。把内容推荐给可能会感兴趣的人群（平台认定的标签匹配人群）进行测试。在测试过程中，系统会根据视频或直播间在这个流量池内扩散产生的反馈数据进行评估，如果数据反馈不错，说明内容质量优良，用户喜欢，那么接下来系统会将推荐的流量池扩大（流量池 2）内容也能得到平台推荐的更多流量。如果第一波流量池反馈的观众数据不好，那么系统将不会继续下一层流量的推荐。

流量池测试评估的数据维度主要包括：点赞量、评论量、转发量、关注量、视频完播率。

基于这几个评估标准，不论是短视频还是直播，在一开始就需要想办法去提升点赞量、评论量、转发量、关注量，让用户把视频播放完，在直播间停留观看的时间尽可能久一点。只有发布内容的互动率高，播放观看数据好，才会被系统判定为优质内容，才有机会持续获得流量并进入更大的流量池中。

3. 去中心化

对于平台而言，维持整个生态持续健康均衡地发展是最为重要的事情。因此，从平台角度出发，不希望看到所有流量聚集在少数的头部直播间账号上，平台会在一定程度上限制头部直播间账号获取新流量的分配，而把更多流量红利分到新的高质量账号上，这也被称为"去中心化"。去中心化的平衡机制不会让平台生态失衡，并且对新入局的创作者来说，这具有很大的吸引力，会吸引更多的人参与到内容生态的建设当中，只要内容质量高，就有机会受到更多的关注。

课前自测

一、单择题

1. （　　）的过程中，直播运营相关人员需要侧重观察和衡量一些特定的数据指标。
   A. 直播运营数据分析　　B. 直播商品　　C. 直播口播　　D. 撰写直播脚本
2. （　　）是需要额外付费购买才能获取的直播流量。
   A. 付费流量　　　　　B. 自然流量　　C. 实时流量　　D. 站外流量
3. （　　）是用户画像最常用的场景，其通过用户画像的标签筛选，筛选出不同的用户群，对不同的用户群实现精细化运营。
   A. 分群运营　　　　　B. 用户标签　　C. 人群管理　　D. 用户群分析
4. （　　）是指直播间总销售额/总销量。
   A. 客单价　　　　　　　　　　　　B. 平均停留时长
   C. 观看人次　　　　　　　　　　　D. 互动率

二、判断题

1. 互动率可以衡量直播间的互动情况，除评论以外，还可以参考直播间的点赞、转发、打赏的具体表现。（　　）
2. 平均停留时长可以直接反映直播间的留客能力，是直播运营关键指标之一。（　　）
3. 去中心化的平衡机制会让平台生态失衡，并且对新入场的直播间来说具有很大的吸引，会吸引更多的人参与优质内容的建设。（　　）
4. 粉丝人群画像数据分析是指通过用户行为、用户属性等分析获取目标群体，并对群体进行处理的过程。（　　）

课中实训

根据直播间数据制作粉丝用户画像

【任务描述】

小李是卖货直播间的运营助理,近日主管发布了直播间 8 月的粉丝数据,总观看粉丝数为 160820 人,细分数据如表 9-1 所示。主管要求小李将其归纳整理,最终使用文档制作出该直播间的粉丝用户画像,用于月中汇报。

本任务将以真实工作环节作为出发点,掌握对粉丝数据整理分析的能力。

表 9-1 某直播间 8 月粉丝数据

不同省份的粉丝数量							
黑龙江	吉林	辽宁	内蒙古	河北	北京	天津	山东
5135	4913	5081	330	4862	9810	7214	6978
山西	河南	陕西	宁夏	甘肃	青海	新疆	江苏
4377	6812	4210	501	102	102	106	13848
安徽	湖北	重庆	四川	西藏	浙江	上海	江西
5981	6218	4357	6731	95	14650	18011	3827
湖南	贵州	云南	广西	广东	福建	海南	香港/澳门/台湾
5025	498	521	2184	11595	6341	204	201
不同年龄的粉丝数量							
18～25	26～30	31～35	36～40	41～50	50+	未知	
21257	47310	44254	21059	18001	8736	203	
不同性别的粉丝数量							
男			女			未知	
48246			110965			1609	
不同收入的粉丝数量							
0～3000	3001～8000	8001～12000	12001～20000	20000+		未知	
32164	107520	17298	3038	610		190	
不同购买兴趣的粉丝数量							
服饰内衣	箱包鞋靴	运动户外	钟表配饰	珠宝文玩	美妆	个护家清	食品饮料
28050	9257	7310	4254	2059	8001	8736	29000
生鲜	鲜花园艺	母婴	宠物	玩具乐器	图书音像	礼品文创	3C 数码
1340	1257	23105	21020	3714	1701	3214	1273
智能家居	虚拟充值	本地生活	奢侈品	汽车配件	未知		
720	2184	3827	152	601	45		

【任务目标】

（1）计算出不同属性粉丝的比例。

（2）完成粉丝用户画像图表。

【任务需求】

PC。

【任务实施】

整理数据、绘制图表、数据可视化、项目评价。

项目评价

学生自评表一

序号	技 能 点	达 标 要 求	学生自评	
			达标	未达标
1	能够对直播间数据进行初步的诊断分析	1.能根据素材整理数据； 2.能根据整理出的数据进行对比		
2	能够讲出直播间流量、商品、互动、交易数据之间的关系	能给出数据结论		
3	能够撰写直播间分析报告	1.能根据数据结论给出建议方案； 2.工作汇报语言有条理性		

学生自评表二

序号	素 质 点	达 标 要 求	学生自评	
			达标	未达标
1	敏锐地洞察能力	1.能与小组成员正常交流、沟通； 2.能准确表达自己的观点		
2	分析比较能力	遇到问题能够做到独立思考与分析，并能够找到问题的解决办法		
3	独立思考能力	遇到问题能够做到独立思考与分析，并能够找到问题的解决办法		
4	团队协作精神	能与小组成员相互协作完成任务		

教师评价表一

序号	技 能 点	达 标 要 求	教师评价	
			达标	未达标
1	能够对直播间数据进行初步的诊断分析	1.能根据素材整理数据； 2.能根据整理出的数据进行对比		
2	能够讲出直播间流量、商品、互动、交易数据之间的关系	能给出数据结论		
3	能够撰写直播间分析报告	1.能根据数据结论给出建议方案； 2.工作汇报语言有条理性		

教师评价表二

序号	素质点	达标要求	教师评价	
			达标	未达标
1	敏锐地洞察能力	1.能与小组成员正常交流、沟通； 2.能准确表达自己的观点		
2	分析比较能力	遇到问题能够做到独立思考与分析，并能够找到问题的解决办法		
3	独立思考能力	遇到问题能够做到独立思考与分析，并能够找到问题的解决办法		
4	团队协作精神	能与小组成员相互协作完成任务		

课后拓展

拓展知识

抖音直播违禁词有哪些？这 6 类直播违禁敏感词，一定不要用

你有没有在直播间因为"谈论低俗话题或传播低俗声音"导致直播违规被封禁？

很多人在不了解抖音直播违禁词和违规行为的情况下，很容易不小心违规，导致直播被中断，严重者甚至会直接被封禁。为了避免因为说错话导致直播违规被中断或是封禁，这里整理了一些抖音直播违禁词。

1. 极限词不能用

（1）抖音直播违禁词比较常见的就是极限词，包括但不限于：国家级、世界级、最高级、第一、唯一、首个、首选、顶级、最新、最先进、全网销量第一、全球首发、顶级工艺、极致、独一无二等。

（2）一些绝对化用语也不要用，如：最高、最低、最先进、最大程度、最新技术、最佳、最时尚、最受欢迎、最先等。

（3）不要用 100%、高档、正品等虚假或者无法判断真伪的夸张性表述词语。

2. 不文明用语不能用

抖音直播违禁词还包括不文明的用词，包括装逼、蛋疼等带有辱骂性质的词语，或者是人身攻击，带有不文明色彩的词语。

3. 暗示性引导用语

抖音直播违禁词中的暗示性用语包括但不限于：点击有惊喜、点击获取、点击试穿、领取奖品等。

4. 刺激用户下单的词语

例如再不抢就没了、错过就没机会了、万人疯抢等为了刺激用户下单而夸张宣传的词语都属于违禁词。

5. 医疗宣传类词语

对于普通商品来说，如果用了疑似医疗类的用语，也属于触犯违禁词类。

包括但不限于修复受损肌肤、活血、清热解毒、除菌、改善敏感肌肤、补血安神、驱寒解毒、调节内分泌、降血压、平衡荷尔蒙、消除斑点等。

6. 封建迷信类词语

如果在抖音直播间说了封建迷信类的词，也会导致违规被处罚。

包括但不限于算命、保佑、带来好运气、增强第六感、护身、逢凶化吉、时来运转、万事亨通、旺人、旺财、助吉避凶、转富招福等。

抖音除了有直播违禁词外，还有直播违规行为，着装过于暴露、直播没有转播权的内容、出售假冒伪劣商品等行为，都属于直播违规行为。

思政园地

思政案例

在加强监管中促进直播带货健康发展

近年来，"直播+电商"成为新兴的网购方式，并且呈现快速发展势头，越来越多的消费者选择通过观看网络直播下单购物。直播带货给消费者带来全新消费体验的同时，也在促进灵活就业、服务经济发展等方面发挥了重要作用。数据显示，截至2023年上半年，我国电商直播用户规模为5.26亿人，占网民整体的48.8%。

不过，直播带货属于新型发展业态，具有模式新、主体多、流量大、频次高等特点，目前也存在一些需要规范和完善的问题。前不久，中国消费者协会、人民网舆情数据中心、中国消费者杂志社梳理出2023年十大消费维权舆情热点，其中，"电商主播言行不当引发投诉"位居榜首。

类似于"水光针"这样的注射类医美项目存在较高风险，因此国家对于这类产品按照最为严格的第三类医疗器械进行管理，取得国家级注册的"械三资质"，才可注册使用。然而，为了追求更大利润，医美直播往往会兜售一些没有资质的所谓水光针注射产品。据报道，2023年10月，李女士在某网红的医美直播间购买了一款没有"械三资质"的"水光针"，按照主播的介绍到某医美机构进行注射后，脸部开始长痘。

日前，北京工商大学新商业经济研究院等机构联合发布《直播带货消费维权舆情分析报告（2023）》，从直播平台和带货主播两个维度进行深度分析，对直播带货新型业态的规范和发展提出了相应对策与建议。

据了解，2023年直播带货消费维权舆情主要反映在虚假宣传、产品质量、价格误导、不文明带货、发货问题、退换货、销售违禁商品以及诱导场外交易等方面。

2023年2月，北京市海淀区市场监督管理局查处了一起在直播中存在虚假、夸大宣传的案件。经查，当事人在直播带货过程中销售的某品牌固体饮料为普通食品，却提到"增强抵抗力""疗效超过药品"，对商品的性能、用途作引人误解的虚假宣传，存在欺骗、误导消费者的违法行为。执法机关依据相关规定，责令当事人停止违法行为，并处罚款10万元。

直播带货为何问题频发？据业内人士分析，主要原因是部分平台监管不力；部分主播过分追求利益，缺少职业素养；监管和处罚力度有待加强，尤其要加强平台监管。

对此，中国法学会消费者权益保护法研究会副秘书长、北京阳光消费大数据研究院执行院长陈音江认为，推动直播带货高质量发展，关键要形成治理与发展合力，让直播带货行业在规范中健康发展、在发展中逐步规范，而不是因噎废食、一禁了之。建议有关部门进一步加大监管力度，引导和督促业内经营者合规经营。一方面要做到包容审慎监管，建立完善相应纠错容错机制，为平台和主播积极健康发展留出一定空间；另一方面要严守法律底线，确保其在规范中发展。

例如，针对不同平台和不同主播的突出问题，要列为重点监管对象和重点监管领域；对网络直播营销宣传内容加大监管力度，重点监督检查宣传内容的真实性和合规性，避免虚假宣传误导消费者；重点查处网络直播营销中的假冒伪劣商品问题，确保其销售的商品质量和安全符合相关法律法规标准；对网络直播营销主播加强培训，提高其法律法规意识和自我约束能力，从而规范其行为，避免不文明带货行为的发生。"此外，有关部门还应建立举报机制和信用评价机制，鼓励公众积极参与监督，对于违法违规行为要及时依法进行查处，充分发挥信用惩戒和社会共治作用。"陈音江说。

"消费者也要对直播带货中所推销的产品深入了解、理性看待，不要轻信主播的宣传和推荐。鼓励消费者参与、大力推进消费教育和维权宣传，在树立科学理性的消费观念和安全健康的消费习惯的同时，培养消费者养成良好的维权意识和维权习惯至关重要。"湖北武汉市读者尹雨佳说。

来源：齐志明. 在加强监管中促进直播带货健康发展[N]. 人民日报，2024-04-01：07.

项目 10

直播复盘

项目导入

对于观众来说,直播间直播的结束就代表了一场直播的结束,但是对于商家和主播来说,直播间直播的结束仅仅是完成了整个直播的前半部分,那直播的后半部分是什么呢?一场直播结束后,商家和主播需要判断直播的目标是否已经达到,如果没有达到,要考虑之后的直播该如何发展。所以,直播之后的复盘同样十分重要,是直播运营中的一个重要部分。通过直播复盘,可以总结出整个直播过程中的不足之处,提前预测出有可能还未出现的问题,不断优化提升直播过程,提高直播战绩。表 10-1 所示为直播复盘的一种形式。

表 10-1 某美妆店铺商品点击转化率提升信息

类　别	具 体 描 述
基本信息	某美妆店铺品牌大,但产品客单价高,和其他平台比较价格机制不占优势
使用方式	根据历史数据对比发现,该客户流量漏斗的五维四率[1]中较差的为商品点击转化率,对主播话术和活动进行调整,增加更多主播个人感受和对比性话术来映衬产品价值,增加免单和满减活动,突出直播产品的性价比
使用效果	直播间商品点击转化率提升了 20%,带动 GMV[2]提升了 214%

注:① 五维分别是:直播间曝光人数、直播间观看人数、商品曝光人数、商品点击人数、成交人数。四率分别是:曝光—观看率、观看—商品曝光率、商品曝光—点击率、商品点击—成交转化率。其中曝光—观看率主要代表抖音给推流之后,用户会不会点击进入直播间,这个主要是由主播的颜值、状态、话术以及直播间的装扮等因素决定的。观看—商品曝光率主要决定的是商品的点击率和转化率,和商品的弹窗、主播的引导有关。

② GMV 指商品交易总额。

项目 10　直播复盘

本项目将重点介绍直播复盘：直播主播复盘和直播运营复盘两种，并制作复盘报告。

教学目标

知识目标
（1）能够说出直播复盘的重要性。
（2）能够列出直播复盘的步骤。
（3）能够说出直播复盘的数据指标有哪些。

能力目标
（1）能够利用直播间数据评估直播效果。
（2）能够在完成直播间数据分析后制作运营复盘报告。
（3）能够对直播间数据节点波动进行分析并撰写主播的复盘报告。

素质目标
（1）具备良好分析能力和归纳总结能力。
（2）具备独立思考能力。
（3）具备较强地沟通能力和团队协作能力。

课前自学

一、直播复盘是什么

"复盘"一词最早应用于股市，指的是股市收盘后利用静态数据再看一遍市场全貌，总结股市资金流向、大盘抛压、涨跌原因等，使下一步操作时能更好地做出判断、更符合当前的市场情况。

复盘，就是人们在一场活动后，对任务进行回顾、分析与总结，从而达到查漏补缺、积累经验的目的。以直播"带货"为例，直播复盘就是指在每一场直播活动结束后，主播都要回顾整个直播过程，搜集相关的直播数据，找到并分析自己在直播中做得好与不好的方面，并找到原因。

很多人对复盘的认识是错误的，往往把复盘等同于总结，其实总结只是复盘的一部分。从本质上来讲，复盘也是人们对完成一场直播所做的深度演练。

直播复盘一般包括两个方面：主播复盘和数据复盘。

二、为什么要做直播复盘

现如今，直播带货的竞争日趋激烈，主播要想脱颖而出越来越难，对新人主播来说更是如此。平台的算法和规则也在随时间快速更迭，今天还在用的技巧，明天说不定就没用了。

比如一开始平台是重视用户停留时长和点赞量，主播可以通过发福利、加活动等一些玩法提高用户的黏性，增强用户的互动。现在平台更重视的是成交和成交密度。可以明显感觉到，做直播"带货"已经变得越来越难，也更难琢磨透。要知道，在一场直播活动中，主播的任何一个小失误都有可能给自己的直播带来不可挽回的损失。因此，主播要提高自己的直播技巧和带货能力，最大限度地解决问题、规避风险。主播只重视直播过程远远不够，还应在每场直播结束后认真地进行复盘，找出自己的优势和劣势，从而找到更好的改进方法和进阶途径。然而，很多主播在直播结束以后，就认为自己完成了任务，这显然是对直播"带货"流程的一种错误认知。

单场直播带货并不是终点，复盘才是关键，因为单场直播带货的成绩无法证明主播的带货能力，决定主播带货能力的是主播在整个直播生涯中获得的总成绩。主播要想提高自己的总成绩，就要提高每一场直播的成绩，而提高每一场直播成绩的有效途径就是复盘。不仅是一场直播所包含的各种数据要复盘，还有运营的复盘、主播表现的复盘、场控和中控的复盘、私域的复盘等。

三、直播复盘的步骤

（一）回顾目标

直播复盘的第一步，就是回顾刚刚结束的那场直播的目标。目标是否达成，是评判一场直播成功与否的关键标准。展示目标时，应该将目标清晰地、明确地展示在复盘会议上，让所有人都能够清楚看到，从而确保整个复盘的过程是围绕目标在进行的。

主播在这一步需要回答 4 个问题：
- 直播的目的是什么？
- 想要达成的目标是什么？
- 预先制订的计划是什么？
- 事先预测会发生的事情是什么？

为了解答以上问题，主播在回顾目标时要遵循 3 个步骤。

1. 回顾直播的目标是否合理

回顾直播最初的目标是否合理是回顾目标的第一步。主播对整个过程的成败、效果好坏等做出的分析都会基于此目标的达成程度来进行，所以当没有具体的量化目标时，也就没有复盘的基础。主播在回顾目标时，要客观地对目标进行推敲，最大限度地进行细致分解和描述。例如，某粉丝数为 3 万的主播在开播之前制定的目标是：在直播的 3 个小时内吸引 12 万名用户观看，销售额达到 20 万元。

该主播的直播目标完全符合 SMART 原则。
- 明确的：目标具体明确，即吸引 12 万名用户观看，销售额达到 20 万元。
- 可衡量的：主播在直播结束后，可以通过后台数据衡量直播目标是否达成。
- 可达到的：这一目标不是随意制定的，是以主播自身粉丝数量为基础考量的。
- 相关的：直播目标与其他目标紧密相关，主播可以根据以往直播数据推算出销售额。
- 有时限的：直播目标的完成有明确的截止时间，主播要在 3 个小时内完成目标。

如果主播在回顾目标时发现自己并没有为这一场直播设定目标，或者设定的目标过于模糊（如"能卖多少是多少"），就应该组织团队进行研讨与补充，明确直播目标。

2. 回顾制定目标的方法

回顾制定目标的方法是为了解决团队缺乏共识和具体规划的问题。有的团队在直播开始前一起制定了目标，但成员对目标的理解不一致，对同一件事、同一个行动的评价也不一致，没有达成共识，所以很容易发生分歧和冲突，影响团队成员在执行过程中的配合程度。

因此，团队成员在直播前要充分研讨，保持对目标理解的一致性，让每个参加行动的成员都明确目标。同时，团队内部在直播前还要有清晰的规划，就实现目标的策略、行动计划进行周密的安排，做出目标分解，把任务具体落实到个人，这样有助于厘清复盘的主线，从而找到直播成功或失败的根本原因。如果不这样做，在复盘时会发现很多无法验证的事情，很难根据计划衡量团队在实际执行过程中存在的不足。

3. 设想发生的事情

直播过程中的突发情况有很多，直播团队要考虑这些客观因素对直播间的影响。例如，某直播团队的目标是将销售额提升20%，但在实现目标的过程中，市场可能出现波动，设备也可能出现问题，这些都是直播过程中可能会出现的突发情况。针对这些情况，团队要提前制定备选方案，列出可能遇到的问题并提供相应的解决方案。

最后，直播团队要复盘该过程，回想最初设想的情况是否发生，考虑是否还有其他没有想到的突发情况，回忆当初制定的针对这些情况的方案。之所以要回顾这些内容，是因为它们不但会影响直播"带货"的最终效果，而且是复盘过程中总结经验供日后借鉴的关键点。

（二）结果对比

结果对比是指主播通过对比结果和目标，发现结果与目标之间的差距，找到存在的问题。很多主播在做复盘时只对表面数据（点赞量、粉丝量、销售额等）进行分析，并没有全面分析直播的诉求和投入产出等因素，所以很难发现直播中存在的问题，这种复盘其实毫无意义。

如果希望直播吸引更多的用户，让自己具有更强的"带货"能力，主播在对比结果时要从根源处找问题。一般来说，结果对比分为以下两个步骤。

1. 陈述结果

陈述结果是指展示数据，在进行复盘时，主播要把所有数据都展示出来，并把实际结果数据与目标数据进行对比，以便更直观地看到直播结果是否达到预期。为了让结果评估数据更客观、准确，主播在陈述结果时要尽可能多地引入外部典型项目的数据作为样本。

2. 找出亮点与不足

在陈述结果后，主播就要通过对比找出直播过程中的亮点与不足。

亮点可能包括：主播了解粉丝需求，分析粉丝特征，并根据粉丝的不同需求选择合适的商品，在直播中发起互动游戏，引导大量用户参与其中；设计精美的直播封面图，增加了点赞量；整场直播销售额超出预期等。

不足可能包括：某些互动话题设置不合理，直播间中的用户有轻微的抵触情绪；商品价格稍高，可以再降低一些；选品团队应进一步与商家对接；粉丝流失较快等。

（三）分析原因

在完成结果对比后，主播要找到阻碍目标实现的真正原因，并仔细分析。分析原因是直播复盘的核心步骤。团队只有把原因分析到位，整个复盘才是有成效的。分析可以分为以下3步。

1. 叙述过程

主播向整个直播团队叙述直播过程，目的是向所有参与复盘的工作人员讲述事情的经过，从而让大家可以在了解事实的基础上进行讨论。

2. 自我剖析

自我剖析是指复盘人员分辨直播过程中的可控因素，明确问题的来源，查看到底是自己负责的部分出了问题，还是其他人负责的部分出了问题。复盘人员在做自我剖析时要客观，涉及自己的问题时不要遮掩，更不能推脱责任。

3. 团队视角设问

复盘人员通过团队视角设问，可以突破个人认知的边界，这时复盘人员要探索多种可能性。

（四）总结经验

主播做直播复盘时最重要的是从行动中总结经验教训，并有针对性地做出优化和改进。主播在进行复盘总结时，要明确以下几点："从总结的经验中，我们学到了什么新东西？""在接下来的直播中，我们需要做什么？""哪些方案是我们可以直接付诸行动的？"

为了判断复盘的结论是否可靠，主播还要思考以下几个问题："直播复盘分析得到的结论是否具有普遍性？还是偶发性因素？""在复盘时应该对事还是对人？""在复盘时若发现以前存在的问题，或者以前的经验也用得上，主播是否要进行交叉验证？"

要想让复盘的结果发挥作用，主播就要将经验转化为结果，把复盘结果落实到具体的行动计划中。在这一过程中，主播要考虑以下3点。

（1）开始做什么：根据经验与教训，为了改进直播间当前的运营现状，主播及团队可以开始做什么事情。

（2）停止做什么：通过复盘，主播可能会发现部分不当的做法，这些不当的做法就是主播和直播团队需要马上停止做的。

（3）继续做什么：主播要找出表现良好的需要继续保持下去的直播运营方法，然后将这些方法坚持下去。

（五）撰写报告

撰写报告就是将直播复盘过程中发现的问题、原因，以及得出的经验和改进方法，以文字的形式固化下来。撰写报告看起来只是一个微不足道的环节，但对直播团队的直播运营知识的提升有非常重要的作用。

首先，撰写报告可以为直播团队留下最真实、准确的记录，避免遗漏或遗忘；

其次，撰写报告将工作过程、工作经验转化为了具有一定逻辑结构的显性知识，可查阅、可传播，可以避免直播团队在同样的知识上再次支付学习成本；

最后，文档方便存储，也方便提取。直播团队可以在后续工作需要时，快速借鉴使用，提高工作效率。

此外，复盘报告还有利于直播团队进行对比学习。直播团队不断地将刚刚完成的直播与过去存储的经验报告进行对比，往往可以提升对事情本质的认识，甚至提炼出新的认识事物的方法。

总之，撰写报告虽然不是直播复盘过程的核心环节，却是直播团队学习的重要资料来源，是不可或缺的环节。

四、直播效果数据分析的通用评估指标

直播运营需要基于数据进行自检，有些数据是后台可以直接监测到的，有些数据则需要通过进一步的计算才能得出。通过数据分析达到盘活粉丝存量以及扩大粉丝增量的目的，通用的评估指标主要有三个：流量指标、人气指标和转化指标。

（一）流量指标：在线人数

在线人数是直播间流量的核心指标，通常最值得关注的流量指标就是在线人数。

1. 核心概念
- 总 PV：指总的页面浏览量或点击量，用户每访问直播间一次就被记录 1 次 PV。
- 总 UV：指访问直播间的总人数。在同一天内，进入直播间的用户最多被记录 1 次 UV。

粉丝 UV 占比：指粉丝 UV 与总 UV 之比。

2. 在线人数分析维度
- 在线人数的变化曲线：代表直播间的内容质量。随着单场直播的开展，在线人数的变化可以最直观地反映直播间的内容质量。
- 在线人数的稳定程度：代表直播间的用户黏性。随着多场次直播的开展，稳定的在线人数代表着用户对直播间的黏性。

（二）人气指标：互动数量

人气指标对应直播间互动数量。互动指的是观众在直播间的评论区发起评论或参与直播间设置的话题。互动数量是直播间人气活跃程度的核心指标。

1. 核心概念
- 粉丝互动率：即粉丝互动人数与粉丝 UV 之比。

- 转粉率：即新增粉丝数与路人观看数（观看人数减去粉丝回访数）之比。

2. 互动数量分析维度

- 新观众互动量：新用户的互动量决定了直播间能转化多少新观众成为老观众。
- 老观众互动量：老用户的互动量决定了直播间的氛围好坏，越是友好的互动氛围，直播间留下新用户的概率就越大。

（三）转化指标：成交单量

成交单量是考核直播电商转化的核心指标，其代表了直播内容和电商销售是否达成了统一。

1. 成交单量与在线人数

直播间观众中有多少完成了下单，即为直播间观众的精准程度，这一指标可以用数值来衡量，即直播间观众的精准程度 = $\frac{成交单量}{在线人数}$ ×100%，数值越低，精准程度就越低。通常来说，每场直播的精准程度数值都低于3%意味着数值偏低，比如1000人在线至少要达成30单成交才算正常。

2. 成交单量与互动数量

直播间产品的内容策划质量同样可以用数值来衡量，即直播间产品的内容策划质量 = $\frac{成交单量}{评论数据}$ ×100%，数值越低，代表策划质量越低。通常来说，直播间产品的内容策划质量数值每场直播都低于5%意味着数值偏低。比如1000条评论至少要达成50单成交。

五、直播的效果判断标准

直播电商的效果并不存在唯一性，一切都与直播前设定的目标有关。结合上文的数据指标和企业参与直播电商的目标，大体上可以分为三种情况对效果进行判断：品牌曝光、用户感受和转化成交。

（一）品牌曝光

（1）直播的过程也是不断向观众传播内容的过程，因此直播可以成为企业或个人宣传产品和传播品牌的渠道。

（2）直播间的在线人数越多，代表内容的覆盖面越广，企业的产品和品牌可以植入在直播内容中，实现品牌曝光的需求。

（3）品牌曝光标准主要考验的是直播间的流量指标（即在线人数），只要流量指标达标，那么该场直播就可以认为是成功的。

（二）观众感受

（1）直播过程是企业或个人建立观众情感信任的机会，因此直播可以成为企业或个人获得粉丝的渠道。

（2）直播间互动越活跃，代表直播间出镜主播与观众之间产生情感信任的概率越大。

（3）感受标准主要考验的是直播间的人气指标，即互动数量，只要互动数量足够且其中老观众互动量占比 20% 以上，那么该场直播就可以认为是成功的。

（三）转化成交

（1）直播电商产品的销售转化，指让直播的观众变成产品的客户，实现了从观看直播的观众、喜欢主播的粉丝到体验产品的客户的转化进程。

（2）直播的过程中，观众和粉丝都是对直播内容的"消费"，而产品达成销售并送到他们手上进行体验的过程，代表从内容消费转向产品消费。

（3）转化成交标准主要考验的是直播间的转化指标即成交单量，成交单量越高，代表直播间的内容真正帮助了产品的销售转化，那么该场直播就可以认为是成功的。

六、直播复盘及改进建议

结合直播电商的效果评估指标和效果判断标准，我们可以从流量指标、人气指标和转化指标三方面对直播电商进行复盘以及改进。

（一）流量指标的复盘及改进建议

流量指标复盘结果不佳的原因通常可分为在线人数少和在线人数不稳定两种情况。

1. 在线人数少

直播间长期停留在 100 人以内的在线人数可以判定为在线人数少。提高在线人数的引流策略可以通过平台的工具进行操作，但在线人数更主要的是受留存策略的影响。

改进策略如下。

（1）优化直播场景中的背景标示，如清晰地写出直播间的亮点及活动，让新用户快速了解。

（2）调整直播出镜主播的话术引导。

（3）强调对新观众的关注，及时地念出进入直播间的新观众，让观众有参与感。

2. 在线人数不稳定

直播间的在线人数中老观众的比例是在线人数稳定的保障，因此要确保老观众能持续地回来看直播。

改进策略如下。

（1）固定开播时间，让老观众养成观看习惯。

（2）强化直播预告，提高初次看直播的新观众转化成老观众。

（3）进行社群运营，运营人员通过私信的方式，逐步引导老观众添加运营人员的微信，组建粉丝社群，方便老观众在直播期间可以快速进入直播间。

如图 10-1 所示，直播间 A 的在线人数非常不稳定，流量最高峰后一直处于下滑状态，直至下播。直播间 B 的在线人数相对稳定，且有一定的规律性。纵观头部主播的在线人数统计，几乎都可以找到一定的规律性。稳定的在线人数，源于对节奏的把控，这也是专业主播和业余主播的最大区别。

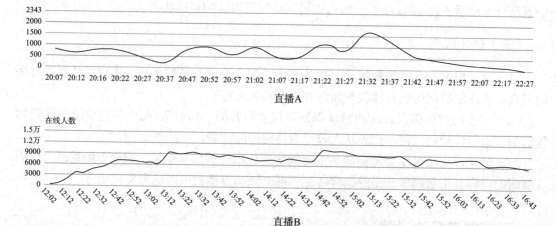

图 10-1　直播间在线人数数据图

如何把控节奏，关键在于直播脚本。越新的主播，就越需要仔细地撰写脚本，最好能精确到每分钟。而老手主播，注意好话题脚本就可以了。

（二）人气指标的复盘及改进

1. 新观众互动量低

直播间的新观众在进入直播间后没有跳出，但是也没有参与评论互动，意味着新观众互动量低。

具体改进策略如下。

（1）强化直播间运营人员的互动引导，让进入直播间的新观众可以快速地找到参与直播互动的方式。

（2）调整直播间的游戏或玩法，避免新观众不知道如何参与互动。

很多时候，直播带货不是一蹴而就的，需要一个循序渐进的过程，让观众经历"陌生—熟悉—信任—购买"的过程，而直播互动技巧在中间可起到关键作用。

直播互动技巧可直接影响直播间的人气和最终转化率。只有直播间有人气，才会有趣味，有趣味，游客才会停留。

而粉丝在直播间进行停留，我们才有机会进行后续的成交转化。连麦是直播间互动的有效技巧之一，特别是和铁杆粉丝的连麦，可以调动粉丝的积极性。

2. 老观众互动量低

老观众互动量低是指直播间的老观众大多在默默观看，没有参与评论互动。

具体改进策略如下。

（1）及时引导老观众观看直播后，给予福利奖励刺激老观众参与互动。

（2）调整老观众的引流方式，避免吸引过多不喜欢评论的观众进入粉丝社群。

（3）由运营人员充当老观众，引导评论互动。

除此之外，直播间的老观众可以积极引导其加群。粉丝进群后一定要进行维护，以避免粉丝流失。主播要给到粉丝一定的优越感与存在感，给刷礼物的老观众更高的等级。

（三）转化指标的复盘及改进

人气指标复盘结果不佳的原因通常为新旧用户互动量低。转化指标主要复盘两个核心数据：成交率和退货率。

1. 成交率

成交率的计算公式为 $\dfrac{产品上架后的成交单量}{当时段直播间人数} \times 100\%$。成交率直接反映选品策略是否正确，如果直播电商成交率持续走低，且持续保持在10%以内，意味着选品和直播间的用户匹配度不高，需要进行调整。

具本改进策略如下。

（1）产品调整：重新分析直播间的用户数据，调整上架产品的选择或产品的外在属性，如产品的包装材料、产品亮点、产品价格等。

（2）价格调整：重新分析是否在产品价格上没做好价格保护，或调整产品组合策略，差异化定价。

（3）转化策略调整：活动策划上要强化互动的元素，不要让观众把看直播当成看戏。

小案例

三只松鼠品牌端午节创意粽子礼盒包装

图10-2所示为三只松鼠的创意包装。这是名为一只粽子的礼盒包装，往往一个粽子礼盒可能是一个纸盒子的包装，稍有创意的可能是竹笼样式，但是三只松鼠希望自己的礼盒能更颠覆一点，或者更加有趣一点，所以选择了一只粽子的概念，就是希望消费者在购买我们这个产品的时候，是更加直观的。也就是在店里面看到这样的包装，消费者能一眼识别出来它就是粽子。将飞机盒的形状，常见的四角形的形状改变成了现在的粽子的形状。

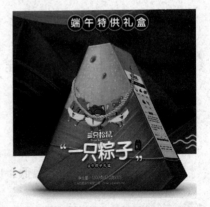

图10-2 三只松鼠粽子礼盒包装

2. 退货率

退货率的计算公式为 $\dfrac{退换单数}{成交单数} \times 100\%$。直播电商行业由于存在冲动消费的因素，普遍情况下退货率高达30%～50%。

通常来说，目标要将非质量问题的退货率控制到20%以内。退货率直接影响企业的毛利率，退货回来的产品变成库存不利于企业的资金周转。

直播电商供应链需要保证粉丝只会因为款式和大小的原因退换货，而不能因为质量问题退换货。一旦产品出现质量问题，口碑下降，很容易造成粉丝流失，销量下滑。

具体改进策略如下。

（1）话术调整：注意引导技巧，检查是否在直播内容上出现了过度引导。

（2）体验调整：对发货和客服等与观众息息相关的细节进行优化。

（3）产品调整：重新分析直播间的观众数据，调整上架产品的选择或产品的外在属性（包材、亮点、价格）。

（4）价格调整：思考是否在产品价格上没做好价格保护，或需要调整产品组合策略，进行差异化定价。

课前自测

一、选择题

1．（多选题）主播在回顾目标时可以参考的 SMART 原则包括（　　）。

　　A．明确的　　　　　　B．可衡量的　　　　　　C．可达到的

　　D．相关的　　　　　　E．有时限的

2．（单选题）分析原因是直播复盘的核心步骤。团队只有把原因分析到位，整个复盘才是有成效的，具体步骤不包括（　　）。

　　A．叙述过程　　　　　　　　　　　　B．自我剖析

　　C．团队视角设问　　　　　　　　　　D．撰写报告

二、判断题

1．直播间结束直播就代表整个直播的结束。　　　　　　　　　　　　　　（　）

2．整场直播都是主播在进行，直播复盘时只针对主播进行即可。　　　　（　）

3．直播开始前需要给直播确定一个目标，这个目标当然是越大越好。　　（　）

三、简答题

1．简述直播复盘的重要性。

2．简述直播复盘的基本步骤。

3．如果一场直播在线人数低，应该如何利用数据分析原因并改进？

课中实训

一、制作直播间运营复盘报告

【任务描述】

李小萌小组的一场时长 45 分钟，为 5 个选品做介绍的完整营销流程直播已经结束。

项目 10 直播复盘

但是明显的在此次直播中,感觉效果并不是很好,出现了很多问题。直播结束后,李小萌小组为此次直播进行一次直播复盘,主要从主播和数据两个方面来进行,希望通过直播复盘可以发现问题,分析后能够想到解决的办法,优化直播方案,为下次直播总结经验。首先从直播间数据进行复盘。

【任务目标】
1. 讲述直播复盘的基本步骤。
2. 正确收集直播间的数据。
3. 在完成直播间数据分析后制作数据复盘报告。

【任务需求】
PC、数据分析平台、文档软件等。

【任务实施】
1. 通过后台收集直播间数据并分析、整理。
2. 填写表 10-2。

表 10-2　×××直播间××日直播复盘

直播账户:					直播日期:　年　月　日	
直播平台				主播		
直播场地				场控人员		
直播时长				直播主推品		
直播流量	直播人数峰值			互动数据	新增粉丝	
	观看次数				点赞数量	
	平均在线人数				评论数量	
	平均观看时长				直播分享次数	
商品数据	新增商品			收益数据	直播成交人数	
	商品曝光数				直播成交订单	
	商品点击数				收货音浪	
直播观众来源						
直播商品销量汇总						
热门话题总结						
本场直播流程明细						
直播总结						
优化建议						
备注及其他						
场控人员确认				主播确认		

153

二、制作主播复盘报告

【任务描述】

李小萌小组在参考数据节点波动后,打算进行主播复盘。

【任务目标】

(1)能够通过直播间数据分析发现直播过程中出现的问题。

(2)能够针对问题提出改进建议并撰写主播的复盘报告。

【任务需求】

PC、数据分析平台、文档软件等。

【任务实施】

(1)整理数据波形图。

(2)对比录屏或直播记录找到导致数据波动的主播口播内容和行为。

(3)分析主播表现的问题。

(4)总结归纳。

 项目评价

学生自评表一

序号	技能点	达标要求	学生自评	
			达标	未达标
1	能够使用文档撰写主播复盘报告	1. 了解复盘的基本步骤; 2. 能根据复盘的步骤进行主播的分析总结; 3. 能根据分析总结出的问题和解决办法进行报告的文档撰写		
2	能够使用直播间数据制作运营复盘报告	1. 能确认复盘数据来源; 2. 能根据数据分析的结果提出出现的问题; 3. 能根据分析总结出的问题撰写优化直播内容、提升直播效果的方案报告		

学生自评表二

序号	素质点	达标要求	学生自评	
			达标	未达标
1	良好分析能力和归纳总结能力	遇到问题能够认真分析、总结并能够快速找到问题的解决办法		
2	独立思考能力	能做到独立思考发生的问题,找到问题所在		
3	较强的沟通能力和团队协作能力	能与小组成员相互协作、沟通完成任务		

教师评价表一

序号	技能点	达标要求	教师评价	
			达标	未达标
1	能够使用文档撰写主播复盘报告	1. 了解复盘的基本步骤； 2. 能根据复盘的步骤进行主播的分析总结； 3. 能根据分析总结出的问题和解决办法进行报告的文档撰写		
2	能够使用直播间数据制作运营复盘报告	1. 能确认复盘数据来源； 2. 能根据数据分析的结果提出出现的问题； 3. 能根据分析总结出的问题撰写优化直播内容、提升直播效果的方案报告		

教师评价表二

序号	素质点	达标要求	学生自评	
			达标	未达标
1	良好分析能力和归纳总结能力	遇到问题能够认真分析、总结并能够快速找到问题的解决办法		
2	独立思考能力	能做到独立思考发生的问题，找到问题所在		
3	较强的沟通能力和团队协作能力	能与小组成员相互协作、沟通完成任务		

课后拓展

案例

直播带货数据复盘需要注意的四个数据指标

在直播电商技能竞赛中，涉及直播复盘的具体内容有：针对本次直播的流量、新增关注数量、销量等数据及效果进行复盘分析，直播复盘总结至少包括直播数据分析、推广效果分析、直播效果分析、复盘与优化等。

直播电商带货的每一场直播结束后都要进行相关的复盘分析，而数据的分析对于有效提高主播直播带货质量最为关键，复盘分析的数据主要有以下四个来源。

1. 短视频分析

大部分的主播在进行直播前都会通过短视频进行直播预热或者在直播过程中发相关的短视频对直播带货的产品进行介绍，可以分析粉丝在短视频中的评论，调整选品和侧重点。

2. 弹幕分析

弹幕反映的是观众在直播过程中的积极互动程度以及对直播的喜爱程度，因此，分析观众的弹幕舆情，并对观众在直播中的评论进行总结，有助于主播调整下次直播内容和风格等。

3. 流量分析

流量分析主要是通过对流量的来源和峰值进行分析，来调整短视频的投放和调增相关的引流策略。商家可以通过第三方数据平台的直播粉丝数据（如观众来源数据）来进行流量分析。

4. 转化分析

转化分析主要是通过分析一场直播的成交量和转化率，以此来调整选品和价格策略。商家可以通过第三方数据平台的直播商品成交量与转化率来进行分析，以此来调整直播商品的选品及价格策略。

【想一想】

直播复盘的四个数据指标，在复盘环节中能起到哪些积极作用？

 思政园地

思政案例

直播营销也是信任营销

近年来，网络直播在一定程度上拓宽了商品的营销渠道，带动了直播经济。从最初卖食品、日用品，到如今卖房子、汽车等，再到地方干部直播带货卖当地农产品，直播营销可谓是方兴未艾。

在直播营销趋热的同时，也存在着一些消费陷阱，既损害了消费者权益，也影响到自身健康发展。例如，有些商家夸大其词，消费者收到商品后才发现，名品变赝品、好货变水货、价廉不物美；消费者遇到产品质量问题，售后服务却跟不上；有的直播平台或主播为制造"火热假象"，不惜制造虚假数据、泡沫流量。中消协的统计数据显示，37.3%的受访者在直播购物中遇到过消费问题。保质保量、诚信经营，保障消费者权益，是直播营销必须坚守的底线。

无论技术如何迭代、渠道如何更新，直播营销仍是市场营销行为，都应坚持诚信经营的价值取向。正因如此，由中国广告协会发布并实施的《网络直播营销行为规范》明确规定："应当全面、真实、准确地披露商品或者服务信息""严格履行产品责任，严把直播产品和服务质量关""依法依约积极兑现售后承诺"。直播营销越是红火，就越应该筑牢诚信经营的基石。

直播营销某种意义上是信任营销，呵护信任至关重要。

在很多直播营销中，之所以出现"秒光"现象，一个重要原因在于消费者对主播的信任，而这种信任的建立并非一日之功，而是长期培育的结果。有调研显示，消费者从直播间购买的产品只要出现一次质量问题，消费者的购物信心就会立即受损，如果多次遭遇质量问题，消费者将放弃直播购物。这提醒商家，直播营销要想赢得消费者的持久青睐，很重要的一点就是要建立与消费者稳固的信任关系。从这个角度看，直播营销只有以信任为纽带，充分理顺平台、主播、商家、消费者之间的关系，才能持续激发市场活力。

来源：黄福特.（2020.7.14）.直播营销也是信任营销.人民日报，第05版.

请针对上述案例思考以下问题。

1. 你如何看待直播带货中的"严把质量关"？
2. 直播电商中《网络直播营销行为规范》发挥着哪些作用？

参 考 文 献

[1] 刘旸. 短视频与直播电商（慕课版）[M]. 北京：人民邮电出版社，2022.

[2] 韦亚洲，施颖钰，胡咏雪. 直播电商平台运营（微课版）[M]. 北京：人民邮电出版社，2021.

[3] 刘东明. 直播电商全攻略：IP 打造 + 实战操作 + 店铺运维 + 直播转化 + 后台管理 [M]. 北京：人民邮电出版社，2020.

[4] 南京奥派信息产业股份公司主编. 直播电商运营 [M]. 北京：高等教育出版社，2021.

[5] 张雨雁，应中迪，黄宏. 直播电商与案例分析 [M]. 北京：人民邮电出版社，2022.

[6] 蔡勤，李圆圆. 直播营销（慕课版）[M]. 北京：人民邮电出版社，2021.

[7] 直播商学院. 直播策划与运营从入门到精通 [M]. 北京：化学工业出版社，2021.

[8] 人力资源社会保障部教材办公室. 电商直播 [M]. 北京：中国劳动社会保障出版社，2020.

[9] 孔林德. 淘宝天猫京东拼多多抖音快乐直播营销一本通 [M]. 北京：民主与建设出版社，2021.

[10] 徐骏骅，陈郁青，宋文正. 直播营销与运营（微课版）[M]. 北京：人民邮电出版社，2021.

[11] 黎军，周丽梅. 直播电商基础与实务（微课版）[M]. 北京：人民邮电出版社，2022.